高等教育会计类创新应用型规划教材
省级精品课程教材
国家级一流本科专业建设点

Practical Accounting Training

会计学原理

实训教程（第三版）

余志先　主　编
张淑霞　副主编

东北财经大学出版社
Dongbei University of Finance & Economics Press
大连

图书在版编目（CIP）数据

会计学原理实训教程 / 余志先主编．—3版．—大连：东北财经大学出版社，2023.8（2025.8重印）

（高等教育会计类创新应用型规划教材）

ISBN 978-7-5654-4921-5

Ⅰ.会…　Ⅱ.余…　Ⅲ.会计学-高等学校-教材　Ⅳ.F230

中国国家版本馆CIP数据核字（2023）第143768号

东北财经大学出版社出版

(大连市黑石礁尖山街217号　邮政编码　116025)

网　　址：http://www.dufep.cn

读者信箱：dufep@dufe.edu.cn

大连市东晟印刷有限公司印刷　　东北财经大学出版社发行

幅面尺寸：185mm×260mm　字数：202千字　印张：14.25　插页：1

2023年8月第3版　　2025年8月第3次印刷

责任编辑：王　莹　曲以欢　　责任校对：何　群

封面设计：原　皓　　版式设计：原　皓

定价：44.00元

教学支持　售后服务　联系电话：（0411）84710309

如有印装质量问题，请联系营销部：（0411）84710711

第三版前言

高质量发展是全面建设社会主义现代化国家的首要任务，必须完整、准确、全面贯彻新发展理念，坚持社会主义市场经济改革方向，坚持高水平对外开放，加快构建以国内大循环为主体、国内国际双循环相互促进的新发展格局。党的二十大报告提出，“高举中国特色社会主义伟大旗帜，全面贯彻新时代中国特色社会主义思想，弘扬伟大建党精神，自信自强、守正创新，踔厉奋发、勇毅前行，为全面建设社会主义现代化国家、全面推进中华民族伟大复兴而团结奋斗”。

“经济越发展，会计越重要”。社会主义市场经济的高质量发展和完善，需要高质量的会计信息服务。会计在市场经济生活中的必要性和重要性决定了社会对高质量创新应用型会计人才的旺盛需求，而此类会计人才的培养离不开守正创新的高质量会计教材。为适应会计改革，办好人民满意的教育，全面贯彻党的教育方针，落实立德树人根本任务，培养德智体美劳全面发展的社会主义建设者和接班人，加快建设高质量教育体系，发展素质教育，我们结合多年的会计教学与工作经验，把“潜心立德树人养成优良品格，拓展理论教学培养创新意识，强化实践教学提高应用能力”作为素质教育目标，编写了《会计学原理》和《会计学原理实训教程》两本相互衔接、配套使用的教材以飨读者。

“大智移云物区”等新技术推动着会计日益向智能化发展，这种发展没有颠覆会计学科的基本逻辑，智能会计的算账、报账、记账、编制报表等经典会计核算活动仍然遵循会计的基本逻辑。高质量创新应用型会计人才必须坚持中国特色社会主义文化发展道路，增强文化自信，围绕举旗帜、聚民心、育新人、兴文化、展形象建设社会主义文化强国，发展面向现代化、面向世界、面向未来的，民族的、科学的、大众的社会主义会计文化，激发文化创新创造活力。

《会计学原理实训教程》以会计基础理论教学为指导，将通过算账、报账、记账、编制报表的逻辑训练提高学生的动手能力作为目标，遵循“理性知识感性化，感性认识理性化”的原则设计会计学原理实训内容体系。本教程模拟一个经济业务较简单的企业，选择适量的、不同类别的、较为典型的经济业务，按照会计核算逻辑进行系统整合，涉及填制和审核原始凭证、填制和审核记账凭证、登记各类明细账和总账、编制会计报表等全过程会计业务，通过传统手工处理和Excel处理两个环节的实训，实现理解并把握会计核算的基本逻辑，熟练掌握会计核算的基本方法和巩固理解会计基本理论知识的目标，提高学生进一步学习会计的兴趣。

本教程在编写过程中突出三大特色：一是立德树人，即通过实训，让学生们牢固树立诚信理念，以诚立身、以信立业，严于律己、心存敬畏，学法、知法、守法，公私分明、克己奉公，树立良好职业形象；二是感性认识，本教程所提供的会计业务涉及的原始凭证、记账凭证、会计账簿和会计报表等从形式到内容、从结构到色彩都高度仿真，通过传统手工处理会计业务，增强学生对实际会计工作的感性认识；三是理性化，本教程以会计基础理论为指导，遵循现行会计准则与法规，突出实验过程中对基本理论、基本知识和基本技能的逻辑把握，运用Excel处理会计业务，促进学生的感性认识理性化。本教程体现了会计准则与相关财务会计政策的最新变化，不仅适用于培养创新应用型经济管理人才，也适用于培养其他应用型会计人才。

本教程由湖南科技大学佘志先任主编，张淑霞任副主编。湖南科技大学颜剩勇和张淑霞参加了部分实训项目的编写工作。湖南科技大学颜剩勇教授审核定稿。本教程的编写得到了湖南科技大学国家级一流本科专业建设点“会计学”的经费支持，在此谨致以衷心的感谢！

在此特别说明的是，教程中所涉及的单位名称和经济业务中的具体数字等均为虚构，如有雷同，纯属巧合，望读者不要误解。教程中如有不妥之处，敬请读者和会计界同仁不吝指教。

编　者

2023年6月

目录

第一部分　传统手工处理会计业务

第二部分　Excel处理会计业务

第一部分

传统手工处理会计业务

实训导读

一、手工处理会计业务模拟实训的目的

会计理论来源于会计实践，又指导会计实践，且必须应用于会计实践。随着经济的发展，企业和社会需要大量的既具有扎实专业基础又能快速适应工作环境的会计专业人才。实际工作中，由于会计岗位掌握着企业生产经营各方面的重要信息，具有较高的特殊性和私密性，因此一般情况下学生很难进入企业进行专业的实践体验，也由此导致了“会计学原理”课程中教学与实践的脱节。因此，为了培养合格的会计专业人才，满足会计部门的实际需要，会计学原理的实践环节就只能以会计模拟的方式进行。运用高仿真的会计业务操作系统，通过传统手工处理会计业务和Excel处理会计业务两个环节，使学生尽可能地真实体验会计信息从确认输入到最后完整输出的过程，理解会计核算的基本逻辑。

手工处理会计业务模拟实训旨在帮助学生真实地体验会计核算的基本逻辑。通过传统手工处理会计业务模拟实训，使学生初步掌握原始凭证的填制和审核、记账凭证的编制和审核、根据审核后的会计凭证进行各类会计账簿的登记、进行期末试算平衡并编制相应的会计报表等基本会计技能。在会计模拟实训的过程中，要求学生将所学的基本理论和基本方法与具体的会计核算业务结合起来，掌握会计基本技能，从而加深对会计专业的认识，提高对专业的学习兴趣，培养良好的职业素养。树立“严格执行准则制度，保证会计信息真实完整。勤勉尽责、爱岗敬业，忠于职守、敢于斗争，自觉抵制会计造假行为，维护国家财经纪律和经济秩序”的良好意识。始终秉持专业精神，勤于学习、锐意进取，持续提升会计专业能力。

二、手工处理会计业务模拟实训的内容

手工处理会计业务模拟实训主要是通过单项模拟实训进行各个环节的有序训练，使学生基本掌握基本的会计技能。其内容主要包括原始凭证的填制和审核，记账凭证的填制和审核，会计账簿的登记，科目汇总表和汇总记账凭证的编制，以及资产负债表、利润表等主要会计报表的编制。在实训过程中，以制造企业为例，模拟企业生产、供应、销售环节的核算和简单的成本计算，高仿真地体验会计业务流程，达到理论联系实际的效果。

三、手工处理会计业务模拟实训的成绩考核

（一）成绩考核的基本规定

1.实训成绩考核严格按有关规定进行，操作人员通过模拟实训课程熟悉会计工作的必要环节和基本要求，只有达到规定标准才能取得相应的实训成绩。

2.成绩考核按个人进行，实行独立操作、逐个考核，每一个操作人员务必达到规定标准，有效避免滥竽充数的行为。

3.成绩考核以实训内容为主，着重考核业务基本功。操作人员要熟悉被模拟企业的会计制度和经济业务，从填制和审核原始凭证开始，到记账、过账、对账以及会计报表的编制都能处理得当并符合相关规定。

4.书写规范、整洁，符合相关规定的要求。

（二）成绩评分标准

实训成绩分等级评定，分优秀、良好、中等、及格、不及格五个等级。其中，正确率占80%，规范率占10%，书写清楚整洁率占10%。

实训一　原始凭证的填制与审核

一、实训要求

（1）练习并掌握各类原始凭证的填制

依据会计学基本理论、基本方法和《会计基础工作规范》的相关要求，从不同角度、不同角色分别按要求填制各类原始凭证。通过不同原始凭证的填制，掌握原始凭证的填制方法。

（2）对填制的原始凭证进行审核

依据会计学基本理论、基本方法和《会计基础工作规范》的相关要求，对所提供的已填制原始凭证进行审核。对于不符合要求的原始凭证，要求操作者以原始凭证出具方的身份重新填制。

二、实训指导

（一）《会计基础工作规范》（2019年修订）中对原始凭证填制的相关要求

……

第四十八条　原始凭证的基本要求是：

（一）原始凭证的内容必须具备：凭证的名称；填制凭证的日期；填制凭证单位名称或者填制人姓名；经办人员的签名或者盖章；接受凭证单位名称；经济业务内容；数量、单价和金额。

（二）从外单位取得的原始凭证，必须盖有填制单位的公章；从个人取得的原始凭证，必须有填制人员的签名或者盖章。自制原始凭证必须有经办单位领导人或者其指定的人员签名或者盖章。对外开出的原始凭证，必须加盖本单位公章。

（三）凡填有大写和小写金额的原始凭证，大写与小写金额必须相符。购买实物的原始凭证，必须有验收证明。支付款项的原始凭证，必须有收款单位和收款人的收款证明。

（四）一式几联的原始凭证，应当注明各联的用途，只能以一联作为报销凭证。

一式几联的发票和收据，必须用双面复写纸（发票和收据本身具备复写纸功能的除外）套写，并连续编号。作废时应当加盖“作废”戳记，连同存根一起保存，不得撕毁。

（五）发生销货退回的，除填制退货发票外，还必须有退货验收证明；退款时，必须取得对方的收款收据或者汇款银行的凭证，不得以退货发票代替收据。

（六）职工公出借款凭据，必须附在记账凭证之后。收回借款时，应当另开收据或者退还借据副本，不得退还原借款收据。

（七）经上级有关部门批准的经济业务，应当将批准文件作为原始凭证附件。如果批准文件需要单独归档的，应当在凭证上注明批准机关名称、日期和文件字号。

第四十九条 原始凭证不得涂改、挖补。发现原始凭证有错误的，应当由开出单位重开或者更正，更正处应当加盖开出单位的公章。

……

（二）实训步骤

1. 熟悉经济业务

在填制原始凭证之前，熟悉每笔经济业务，对经济业务的性质、发生的条件及原因、制度规定等情况有所了解，判断应选用的原始凭证，明确填制要求。

2. 填制原始凭证

在熟悉经济业务的基础上，按照上述实训要求，从经济业务处理的角度，逐笔填制（1）~（19）题的原始凭证。

3. 审核原始凭证

对填制完毕的（1）~（19）题原始凭证，请同学相互交叉审核，务必逐笔检查业务手续是否齐全，填制是否符合规定要求；对（20）~（26）题原始凭证只需要认真审核，若正确无误，请学生本人在审核处签名，若存在漏项、错误，请将相关内容补充完整、更正错误或重开。

（说明：（20）~（26）题单据中的错误是刻意制造的，旨在提示学生认真对待审核过程）

①对每张原始凭证的真实性、合法性、合理性进行审核。

②对于完全符合要求的原始凭证，及时编制记账凭证并登记入账；对于真实、合法、合理但内容不够完整、填写有错误的原始凭证，应退回给有关经办人员，由其负责将相关内容补充完整、更正错误或重开后，再办理正式会计手续；对于不真实、不合法的原始凭证，会计机构、会计人员有权不予受理，并应向单位负责人报告。

（三）图示举例

现金支票如图1-1所示。

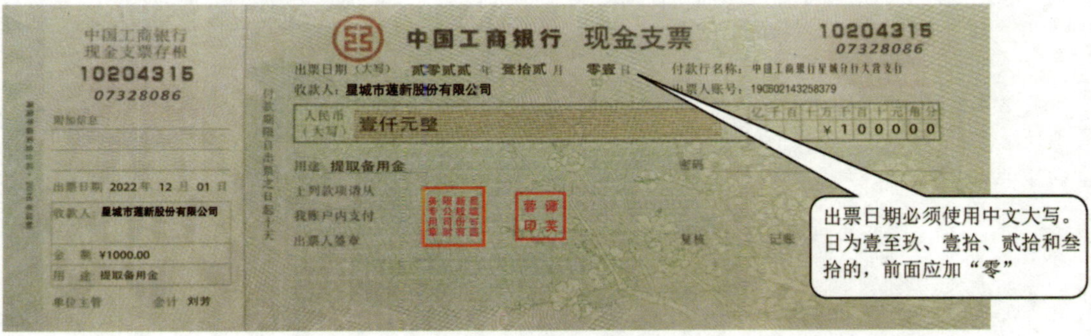

图1-1 现金支票

注：为防止变造、修改票据日期，在填写月日时，月为壹、贰和壹拾的，日为壹至玖、壹拾、贰拾和叁拾的，应在其前面加“零”；日为拾壹至拾玖的，应在其前面加“壹”。如“12月1日”应写为“壹拾贰月零壹日”。

商业零售企业统一发票如图1-2所示。

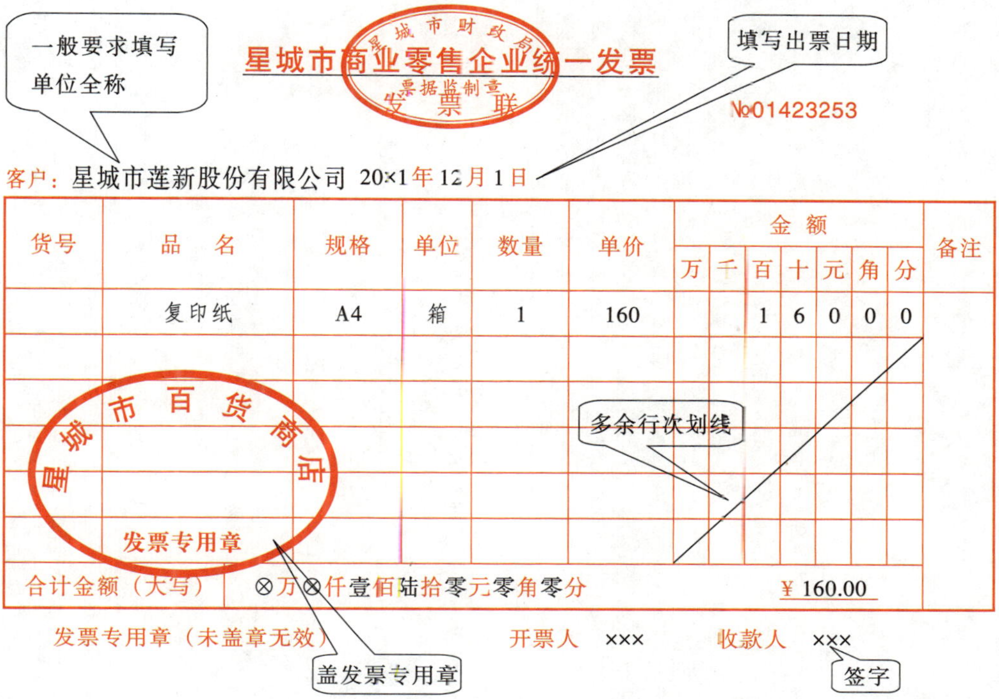

星城市商业零售企业统一发票

发票联

№01423253

客户：星城市莲新股份有限公司　20×1年12月1日

货号	品　名	规格	单位	数量	单价	金额 万	千	百	十	元	角	分	备注
	复印纸	A4	箱	1	160			1	6	0	0	0	
合计金额（大写）	⊗万⊗仟壹佰陆拾零元零角零分					¥160.00							

发票专用章（未盖章无效）　　开票人　×××　　收款人　×××

图 1-2　商业零售企业统一发票

三、实训资料

（一）模拟实训企业基本情况

企业名称：星城市莲新股份有限公司

地址：星城市营盘路29号

经营范围：产品制造

开户银行：中国工商银行星城分行大营支行

基本存款账号：190602143258379

贷款账号：190620135430278

纳税人识别号：110102630101234618

机构设置：公司下设生产车间及各职能管理科室

会计核算组织：公司财务部一级核算

本企业为增值税一般纳税人，增值税税率为13%；城市维护建设税按实际应缴的增值税和消费税之和的7%计算缴纳；所得税税率为25%。本企业购销业务中所涉及单价均为不含税价格，原材料、产成品的发出核算都按先进先出法。

（二）20×1年12月发生的经济业务

（1）1日，财务科出纳刘芳开出现金支票一张，金额5 000元，从银行提取现金，以备零用。

要求：填写现金支票（现金支票存根留存作为编制记账凭证的依据）。

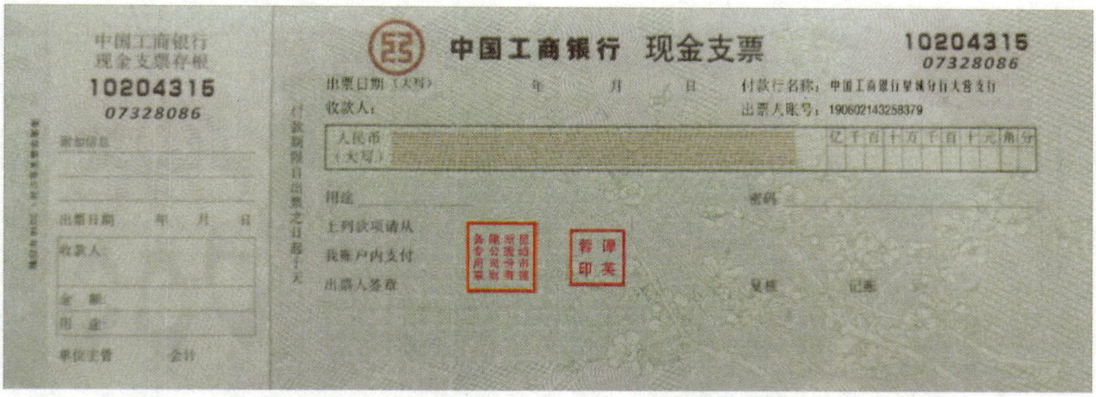

（2）1日，供销科王明峰去南京参加订货会，经供销科科长陈青林批准，向财务科借支现金2 000元作为差旅费。

要求：填写“借款单”。

星城市莲新股份有限公司

借 款 单

部门/科室：　　　　　　　　　　　　　　　　　　　年　月　日

姓　名		出差地点		预计天数	
出差事由					
借款金额	（人民币大写）　　　　¥________				
单位负责人签章		借款人签章		备注： 1. 凡借用单位公款必须使用本单 2. 财务记账联必须由借款人和单位负责人签章 3. 出差返回后三日内结算	

财务记账联

会计主管　　　　　　会计　　　　　　经办

（3）1日，收到本市光明公司转账支票一张用以偿还之前欠的货款16 000元，该笔款项存入银行。

要求：填写“进账单”

（业务往来单位信息：星城市光明股份有限公司

地　　址：星城市新建路38号

开户银行：中国工商银行星城分行广云支行

基本账户：190604386792610

纳税人识别号：11010262102026124）

ICBC 中国工商银行 **进账单**（借方凭证）2

年 月 日 No. 1305610

出票人	全 称		收款人	全 称	
	账 号			账 号	
	开户银行			开户银行	
金额	人民币（大写）				亿 千 百 十 万 千 百 十 元 角 分
票据种类		票据张数			
票据号码					中国工商银行星城分行 大营支行 20x1-12-1 收讫 (1)
备注：				复核：	记账：

此联是银行交收款人的收账通知

（4）2日，向本市光明公司销售甲产品25件，单价1 400元；乙产品100件，单价450元。货物已发出，货款暂未收到。

要求：①填写增值税专用发票（“记账联”作为填制记账凭证的依据）；②填写“产品出库单”（“财务联”作为填制记账凭证的依据）。

湖南增值税专用发票

（全国统一发票监制章 湖南 国家税务总局监制）

43000452021　　此联不作报销、扣税凭证使用　　№ 00035646

开票日期： 年 月 日

购买方	名 称： 纳税人识别号： 地 址 、 电 话： 开户行及账号：			密码区	（略）		
货物或应税劳务、服务名称 合计	规格型号	单位	数量	单价	金 额	税率	税 额
价税合计（大写）					（小写）		
销售方	名 称： 纳税人识别号： 地 址 、 电 话： 开户行及账号：			备注	星城市莲新股份有限公司 110102630101234618 发票专用章		

第一联 记账联 销售方记账凭证

收款人：　　复核：　　开票人：　　销售方：（章）

产品出库单

购货单位：　　编号：

发票号码：　　年　月　日　　仓库：

编号	产品名称	型号规格	数量		单价	金额（元）									
			应发	实发		千	百	十	万	千	百	十	元	角	分
备注		发货人盖章			合计 ¥										

第二联　财务联

主管　　保管员　　检验员　　记账员

（5）2日，大治市耀华公司归还之前欠的货款12 000元。

要求：①填制耀华公司的业务委托书（汇出日期为20×1年11月28日）；②莲新公司收到银行进账单。

（业务往来单位资料：大治市耀华股份有限公司

地　　址：大治市滨河路26号

开户银行：中国工商银行大治分行滨河支行

基本账户：190528014287965

纳税人识别号：130203112345678104）

ICBC 中国工商银行　　进账单（借方凭证）2

年　月　日　　No. 1305623

出票人	全称		收款人	全称	
	账号			账号	
	开户银行			开户银行	
金额	人民币（大写）		亿 千 百 十 万 千 百 十 元 角 分		
票据种类		票据张数			
票据号码					
备注：			中国工商银行星城分行大营支行 20x1-12-2 收讫（1）	复核：	记账：

此联是银行交收款人的收账通知

ICBC 中国工商银行

业务委托书
Application For Money Transfer　　湘B 02041068　　委托日期　　年　月　日

业务类型	□现金收款 Cash Remittance　□转账汇款 Transfer Remittance　□汇票申请书 D/D　□本票申请书 P/D　□其他 Others				
委托人 Principal	全　称 Full Name		收款人 Payee	全　称 Full Name	
	账号或地址 Account No. or Addr.			账号或地址 Account No. or Addr.	
	开户行名称 Account Bank Name			开户行名称 Account Bank Name	
汇款方式 Type of Remittance	□普通 Regular　□加急 Uegent　加急汇款签字 Signature For Urgent Payment			开户银行 Account Bank	省 Province　市 City
币种及金额（大写） Currency and Amount in Words					亿 千 百 十 万 千 百 十 元 角 分
用途 In Payment of				支付密码 S.C	
委托人确认上列委托信息填写正确，且已完全理解和接受背面“客户须知”的内容。上列款项及相关费用请从委托人账户内支付。The above information hanbeen confirmed correctly.The notice has been fully understood and accepted.The above remittance and related charges will be drawn from the reference account.					
银行填写 Bank Use	□联动收费　□非联动收费　□不收费			备注: Remarks	

受理（扫描）：　　审核：

ICBC 中国工商银行

业务委托书 回执
Application For Money Transfer
湘B 02041068

委托人全称 Name of Principal	
委托人账号 A/C of Principal	
收款人全称 Name of Payee	
收款人账号 A/C of Payee	
金额 Account	
委托日期 Date	

此联为银行受理通知书。若委托人申请汇票或本票业务，应凭此联领取汇票或本票。
This paper is a bank acceptance advise. For draft or promissory note application,please return this paper.

（6）3日，向本市红星公司购进A材料200千克，单价90元；B材料400千克，单价75元。材料已验收入库，货款开出转账支票支付。材料按实际成本计价核算。

要求：①填写转账支票（存根留存作为记账的依据）；②代红星公司填制增值税专用发票（发票联、抵扣联）；③填制收料单（财务联）。

（业务往来单位资料：星城市红星股份有限公司

地　　址：星城市泰山路93号

开户银行：中国工商银行星城分行泰山支行

基本账户：190528113679452

纳税人识别号：110102621879321006）

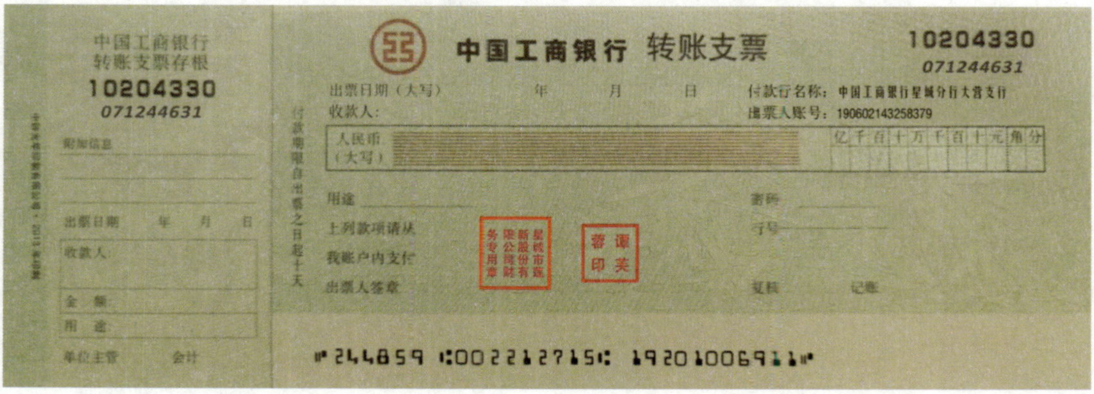

湖南增值税专用发票

全国统一发票监制 湖南 国家税务总局监制

发票联

43000452021 № 00043205

开票日期： 年 月 日

购买方	名 称： 纳税人识别号： 地 址 、 电 话： 开户行及账号：			密码区	（略）			
货物或应税劳务、服务名称	规格型号	单位	数量	单价	金 额	税率	税 额	
合计								
价税合计（大写）					（小写）			
销售方	名 称： 纳税人识别号： 地 址 、 电 话： 开户行及账号：			备注	星城市红星公司 110102621879321006 发票专用章			

收款人： 复核： 开票人： 销售方：（章）

第三联 发票联 购买方记账凭证

湖南增值税专用发票

全国统一发票监制 湖南 国家税务总局监制

抵扣联

43000452021 № 00043205

开票日期： 年 月 日

购买方	名 称： 纳税人识别号： 地 址 、 电 话： 开户行及账号：			密码区	（略）			
货物或应税劳务、服务名称	规格型号	单位	数量	单价	金 额	税率	税 额	
合计								
价税合计（大写）					（小写）			
销售方	名 称： 纳税人识别号： 地 址 、 电 话： 开户行及账号：			备注	星城市红星公司 110102621879321006 发票专用章			

收款人： 复核： 开票人： 销售方：（章）

第二联 抵扣联 购买方抵扣凭证

收料单

供应单位：　　　　　　　　　　　　　　　　　　　　编号：

发票号码：　　　　　　　年　月　日　　　　　　　仓库：

编号	材料名称	型号规格	数量		实际价格（元）												
			应收	实收	单价	发票金额	运杂费	合计									
								千	百	十	万	千	百	十	元	角	分
备注			验收人盖章					合计 ¥									

第二联 会计部门

采购员　　　　检验员　　　　记账员　　　　保管员

（7）3日，本厂加工车间生产甲产品领用A材料800千克、单价90元，B材料1 300千克、单价75元；生产乙产品领用A材料500千克，B材料600千克。

要求：填制领料单（财务联）。

领料单

领料部门：

领料用途：　　　　　　　　年　月　日　　　　　　　第　　号

材料编码	材料名称	单位	请领数量	实领数量	实际单价	金额							
						十	万	千	百	十	元	角	分
附件：		张		合计									

第二联 交会计部门

仓库主管　　　　记账　　　　发料　　　　领料

（8）4日，开出转账支票从星城市百货商场（开户银行：中国工商银行建设路支行，基本账户：190327643862317）购买下列办公用品：钢笔15支，单价38元；签字笔30支，单价6元；笔记本10本，单价8元。办公用品交由行政管理部门直接领用。

要求：①开出转账支票（存根留存作为记账依据）；②填写普通发票（发票联）。

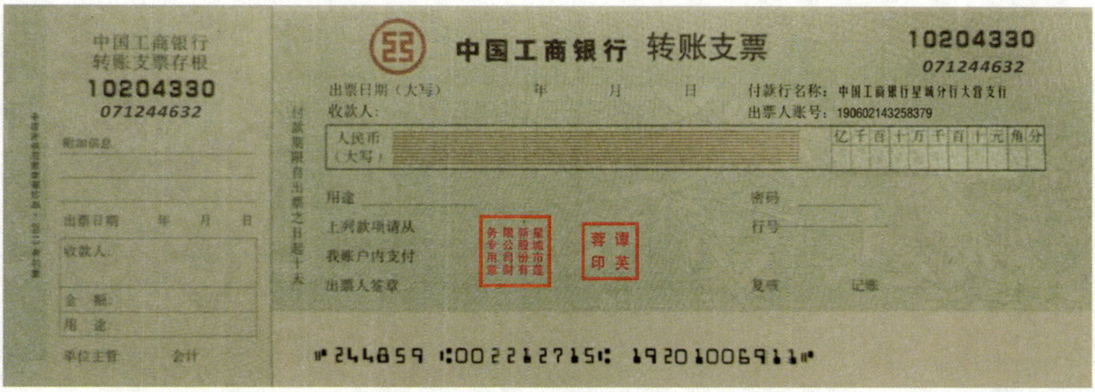

中国工商银行
转账支票存根
10204330
071244632
附加信息
出票日期　年　月　日
收款人：
金　额：
用　途：
单位主管　会计

中国工商银行　转账支票　10204330　071244632
出票日期（大写）　年　月　日　付款行名称：中国工商银行星城分行大营支行
收款人：　出票人账号：190602143258379
人民币（大写）　亿 千 百 十 万 千 百 十 元 角 分
付款期限自出票之日起十天
用途　密码
上列款项请从　行号
我账户内支付
出票人签章　复核　记账
⑈244859 ⑆002212715⑆ 19201006911⑈

星城市新星股份有限公司财务专用章
谭芙印
谭英印

星城市商业零售企业统一发票

№01423254

发票联

客户：　　年　月　日

货号	品　名	规格	单位	数量	单价	金额							备注
						万	千	百	十	元	角	分	
合计金额（大写）	万　仟　佰　拾　元　角　分					¥________							

发票专用章（未盖章无效）　　开票人　　收款人

星城市财政局票据监制章
星城市百货商场发票专用章

（9）4日，开出转账支票向星城市邮政局预付明年上半年报刊费，其中，《人民日报》2份，单价180元，金额360元；《星城晚报》2份，单价156元，金额312元。

要求：①代星城市邮政局填写订阅报刊收据（邮局经办人：王霞）；②开出转账支票。

湖南省星城市报刊征订专用发票

发票联

发票代码：430078087260
发票号码：43102204

开票日期：　　年　月　日

户名				金额						
报刊代号	报刊名称	起止订期	份数	万	千	百	十	元	角	分
合计人民币（大写）	万　仟　佰　拾　元　角　分									

第二联 报销凭证

收款单位（盖章有效）　　收款人　　开票人

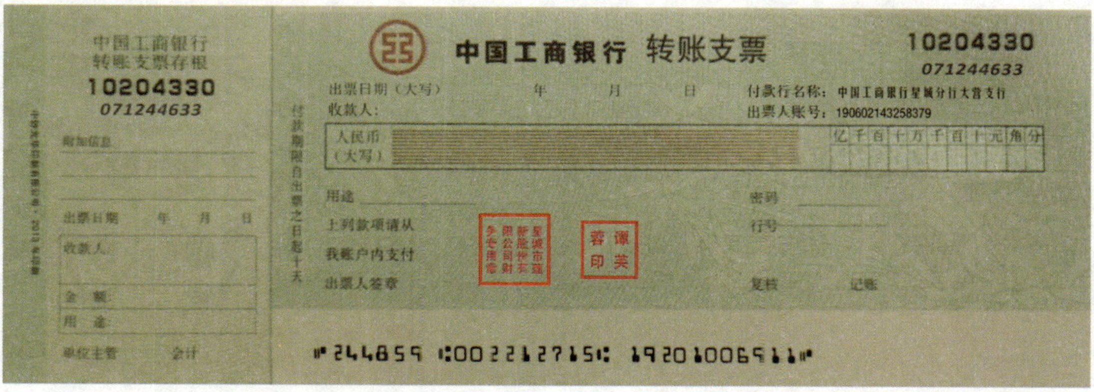
中国工商银行 转账支票 10204330 071244633

中国工商银行转账支票存根 10204330 071244633

附加信息

出票日期　年　月　日

收款人：

金额

用途

单位主管　会计

付款期限自出票之日起十天

出票日期（大写）　年　月　日　付款行名称：中国工商银行星城分行大营支行

收款人：　出票人账号：190602143258379

人民币（大写）　亿 千 百 十 万 千 百 十 元 角 分

用途　密码

上列款项请从　行号

我账户内支付

出票人签章　复核　记账

⑈244859⑈ ⑆002212715⑆ 19201006911⑈

(10) 5日，用现金向营盘路邮政所购买邮票100张，共计120元。

要求：代星城市邮政局填制邮政专用发票（邮局经办人：王霞）。

湖南省星城市报刊征订专用发票

发票联

发票代码：430078087260
发票号码：43102205

开票日期：　　年　月　日

户名				金额						
报刊代号	报刊名称	起止订期	份数	万	千	百	十	元	角	分
合计人民币（大写）	万　仟　佰　拾　元　角　分									

第二联 报销凭证

收款单位（盖章有效）　　收款人　　开票人

（11）8日，开出业务委托书偿还前欠鞍庆市吉安公司（地址：鞍庆市吉安路46号，开户银行：中国工商银行鞍庆分行光明路支行，银行账号：400293839735104）的货款12 000元。

要求：填制业务委托书委托银行付款。

ICBC 中国工商银行

业务委托书
Application For Money Transfer

湘C 04021002　　委托日期　　年　月　日

业务类型	□现金收款 Cash Remittance　□转账汇款 Transfer Remittance　□汇票申请书 D/D　□本票申请书 P/D　□其他 Others				
委托人 Principal	全　称 Full Name		收款人 Payee	全　称 Full Name	
	账号或地址 Account No. or Addr.			账号或地址 Account No. or Addr.	
	开户行名称 Account Bank Name			开户行名称 Account Bank Name	
汇款方式 Type of Remittance	□普通 Regular　□加急 Uegent　加急汇款签字 Signature For Urgent Payment			开户银行 Account Bank	省 Province　市 City
币种及金额（大写） Currency and Amount in Words					亿 千 百 十 万 千 百 十 元 角 分
用途 In Payment of			支付密码 S.C		
委托人确认上列委托信息填写正确，且已完全理解和接受背面“客户须知”的内容，上列款项及相关费用请从委托人账户内支付。 The above information has been confirmed correctly.The notice has been fully understood and accepted.The above remittance and related charges will be drawn from the reference account.					
银行填写 Bank Use	□联动收费　□非联动收费　□不收费		备注：Remarks		

受理（扫描）：　　审核

ICBC 中国工商银行

业务委托书　回执
Application For Money Transfer

湘C 04021002

委托人全称 Name of Principal	
委托人账号 A/C of Principal	
收款人全称 Name of Payee	
收款人账号 A/C of Payee	
金额 Account	
委托日期 Date	

此联为银行受理通知书。若委托人申请汇票或本票业务，应凭此联领取汇票或本票。
This paper is a bank acceptance advise. For draft or promissory note application,please return this paper.

（12）9日，加工车间领用A材料500千克，单价90元；B材料600千克，单价75元。领用的材料用于甲产品的生产。

要求：填制领料单（财务联）。

领　料　单

领料部门：

领料用途：　　　　年　月　日　　　　第　号

材料编码	材料名称	单位	请领数量	实领数量	实际单价	金额							
						十	万	千	百	十	元	角	分
附件：		张		合　计									

第二联　交会计部门

仓库主管　　记账　　发料　　领料

（13）9日，供销科王明峰出差归来报销差旅费2 038元（起止日期12月4日—12月8日，火车票2张，共计金额736元；南京市内交通费162元；住宿费4天，共计金额840元；伙食补助60元/天），现金支付金额38元。

要求：填写差旅费报销单。

差旅费报销单

单位名称：　　　　　　　　　填报日期　　年　月　日　　　　　　　　　单位：

姓名		职级		出差事由		出差时间	计划　　天 实际　　天			备注
日期		起止地点		飞机、车、船票		其他费用				
月	日	起	止	类别	金额	项目	标准	计算天数	核报金额	
						住宿费				
						伙食补助费				
						车船补助费				
						其他杂支				
小计						小计				
总计金额（大写）	万　仟　佰　拾　元　角　分					预支____核销____退补____				

主管　　　　　　部门　　　　　　审核　　　　　　填报人

（14）10日，向大冶市耀华公司销售甲产品75件，单价1 400元；乙产品100件，单价450元。货已发出并已办妥委托银行收款手续，以转账支票一张垫付大冶市货运站（开户银行：中国工商银行车站路分理处，银行账号：192401279831426）铁路运杂费600元。

要求：①填写转账支票；②填写业务委托书委托银行收款结算；③填写增值税专用发票（记账联）；④填写产成品出库单（财务联）。

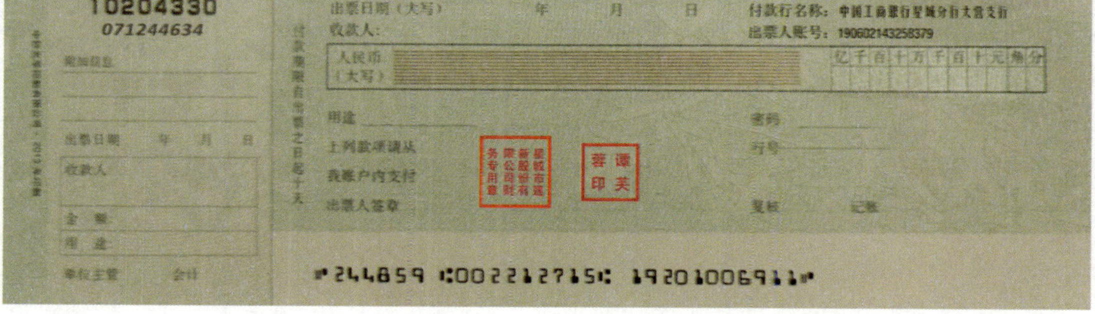
中国工商银行
转账支票存根
10204330
071244634
附加信息
出票日期　年　月　日
收款人
金额
用途
单位主管　会计

中国工商银行　转账支票　10204330
071244634
出票日期（大写）　年　月　日　付款行名称：中国工商银行星城分行大营支行
收款人：　出票人账号：190602143258379
人民币（大写）　亿 千 百 十 万 千 百 十 元 角 分
付款期限自出票之日起十天
用途　密码
上列款项请从　行号
我账户内支付
出票人签章　复核　记账
星城市远新股份有限公司财务专用章　谭芙蓉印
⑈244859 ⑆0022127151⑆ 192010069111⑈

ICBC 中国工商银行

业务委托书
Application For Money Transfer

湘B 02041069　　委托日期　　年　月　日

业务类型	□现金收款 Cash Remittance　□转账汇款 Transfer Remittance　□汇票申请书 D/D　□本票申请书 P/D　□其他 Others		
委托人 Principal 全称 Full Name		收款人 Payee 全称 Full Name	
账号或地址 Account No. or Addr.		账号或地址 Account No. or Addr.	
开户行名称 Account Bank Name		开户行名称 Account Bank Name	
汇款方式 Type of Remittance	□普通 Regular　□加急 Uegent　加急汇款签字 Signature For Urgent Payment	开户银行 Account Bank	省 Province　市 City
币种及金额（大写） Currency and Amount in Words			亿 千 百 十 万 千 百 十 元 角 分
用途 In Payment of		支付密码 S.C	
委托人确认上列委托信息填写正确，且已完全理解和接受背面"客户须知"的内容，上列款项及相关费用请从委托人账户内支付。The above information has been confirmed correctly.The notice has been fully understood and accepted.The above remittance and related charges will be drawn from the reference account.			
银行填写 Bank Use	□联动收费　□非联动收费　□不收费	备注： Remarks	

受理（扫描）：　　　　审核：

ICBC 中国工商银行

业务委托书 回执
Application For Money Transfer

湘B 02041069

委托人全称 Name of Principal	
委托人账号 A/C of Principal	
收款人全称 Name of Payee	
收款人账号 A/C of Payee	
金额 Account	
委托日期 Date	

此联为银行受理通知书。若委托人申请汇票或本票业务，应凭此联领取汇票或本票。
This paper is a bank acceptance advise. For draft or promissory note application,please return this paper.

湖南增值税专用发票

全国统一发票监制章 湖南 国家税务总局监制

43000452021　　此联不作报销、扣税凭证使用　　№ 00035647

开票日期：　　年　月　日

购买方	名　称： 纳税人识别号： 地址、电话： 开户行及账号：				密码区	（略）		
货物或应税劳务、服务名称	规格型号	单位	数量	单价	金　额	税率	税　额	
合计								
价税合计（大写）						（小写）		
销售方	名　称： 纳税人识别号： 地址、电话： 开户行及账号：				备注	星城市莲新股份有限公司 110102630101234618 发票专用章		

第一联 记账联 销售方记账凭证

收款人：　　复核：　　开票人：　　销售方：（章）

产品出库单

购货单位： 编号：

发票号码： 年 月 日 仓库：

编号	产品名称	型号规格	数量		单价	金额（元）									
			应发	实发		千	百	十	万	千	百	十	元	角	分
备注		发货人盖章			合计￥										

第二联 财务联

主管 保管员 检验员 记账员

（15）11日，本公司加工车间领用C材料500千克，单价20元，共计10 000元，用于生产甲产品（计划产量2 000件，C材料的消耗定额为1.5千克/件）。

要求：填写“限额领料单”，本业务在此处不需填制记账凭证，月终根据“限额领料单”按本月实际耗用数量填制转账凭证。(下同)

限额领料单

领料部门： 第 号

用 途： 年 月 日 发料仓库：

材料编号	材料名称规格	计量单位	计划投产量	单位消耗定额	领用限额	实发																		
						数量	单价								金额									
							十	万	千	百	十	元	角	分	千	百	十	万	千	百	十	元	角	分

日期	领用			退料			限额结余数量
	数量	领料人	发料人	数量	退料人	收料人	

生产计划部门 供销部门 仓库

（16）11日，用银行存款支付星城市建筑安装公司（开户行：中国工商银行东湖分理处，银行账号：431908003897154）维修厂部办公楼的费用16 000元。

要求：①代对方填开普通发票（发票联）；②开出转账支票（存根留存作记账依据）。

星城市建筑业统一发票

发票联

开票日期

发票代码 231004032310
发票号码 0040320×5

机打代码 机打号码 机器号码		税控码	（略）		
付款方名称		身份证号/组织机构代码/纳税人识别号		是否为总包人	
收款方名称		身份证号/组织机构代码/纳税人识别号		是否为分包人	
工程项目名称	工程项目编号	结算项目	金额（元）	完税凭证号码（代扣代缴税款）	
合计金额（元）（大写）				￥	
备注：			主管税务机关及代码		

开票人：　　　　开票单位签章

星城市建筑安装公司 发票专用章

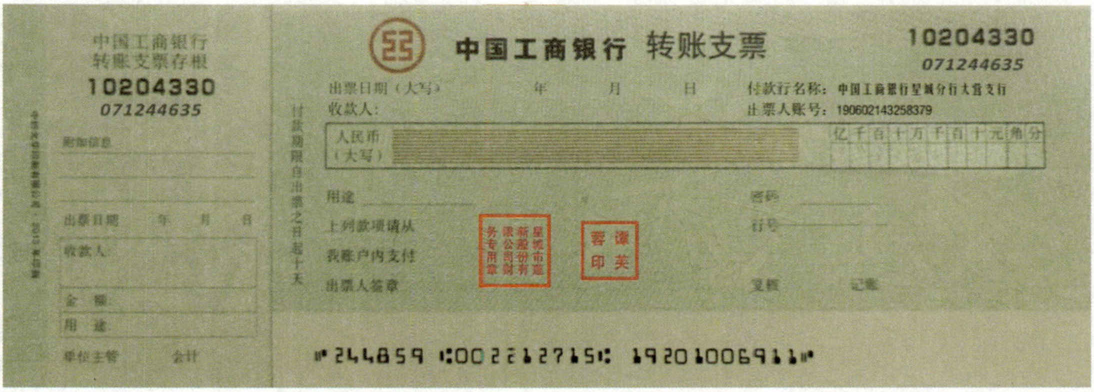
中国工商银行 转账支票存根
10204330
071244635
附加信息
出票日期　年　月　日
收款人：
金额：
用途：
单位主管　会计

中国工商银行 转账支票　10204330　071244635
出票日期（大写）　年　月　日　付款行名称：中国工商银行星城分行大营支行
收款人：　出票人账号：190602143258379
人民币（大写）　亿 千 百 十 万 千 百 十 元 角 分
付款期限自出票之日起十天
用途　密码
上列款项请从　行号
我账户内支付
出票人签章　复核　记账

（17）12日，向鞍庆市吉安公司购进A材料1 200千克，单价90元；B材料1 000千克，单价75元。以上材料均已验收入库，并同意付款。

要求：①代吉安公司填写增值税专用发票（发票联、抵扣联）；②代吉安公司填写委托银行收款的业务委托书，托收日期为20×1年12月12日，承付日期为12月20日；③填写收料单（财务联）。

（往来单位资料：鞍庆市吉安公司
地址：鞍庆市吉安路46号
开户银行：中国工商银行鞍庆分行光明路支行
基本账号：400293839735104
纳税人识别号：260306101012345117）

湖南增值税专用发票

全国统一发票监制章 湖南 国家税务总局监制

43000452021　　　　发 票 联　　　　№ 00028679

开票日期：　　年　月　日

购买方	名　　称： 纳税人识别号： 地 址 、 电 话： 开户行及账号：			密码区	（略）		
货物或应税劳务、服务名称 合计	规格型号	单位	数量	单价	金　额	税率	税　额
价税合计（大写）					（小写）		
销售方	名　　称： 纳税人识别号： 地 址 、 电 话： 开户行及账号：			备注			

收款人：　　　复核：　　　开票人：　　　销售方：（章）

鞍庆市吉安公司 260306101012345117 发票专用章

第三联　发票联　购买方记账凭证

湖南增值税专用发票

全国统一发票监制章 湖南 国家税务总局监制

43000452021　　　　抵 扣 联　　　　№ 00028679

开票日期：　　年　月　日

购买方	名　　称： 纳税人识别号： 地 址 、 电 话： 开户行及账号：			密码区	（略）		
货物或应税劳务、服务名称 合计	规格型号	单位	数量	单价	金　额	税率	税　额
价税合计（大写）					（小写）		
销售方	名　　称： 纳税人识别号： 地 址 、 电 话： 开户行及账号：			备注			

收款人：　　　复核：　　　开票人：　　　销售方：（章）

鞍庆市吉安公司 260306101012345117 发票专用章

第二联　抵扣联　购买方抵扣凭证

ICBC 中国工商银行

业务委托书
Application For Money Transfer

湘B 02041070　　委托日期　　年　月　日

业务类型	□现金收款 Cash Remittance　□转账汇款 Transfer Remittance　□汇票申请书 D/D　□本票申请书 P/D　□其他 Others			
委托人 Principal 全称 Full Name		收款人 Payee 全称 Full Name		
账号或地址 Account No. or Addr.		账号或地址 Account No. or Addr.		
开户行名称 Account Bank Name		开户行名称 Account Bank Name		
汇款方式 Type of Remittance	□普通 Regular　□加急 Uegent　加急汇款签字 Signature For Urgent Payment	开户银行 Account Bank	省 Province　市 City	
币种及金额（大写） Currency and Amount in Words				亿 千 百 十 万 千 百 十 元 角 分
用途 In Payment of		支付密码 S.C		
委托人确认上列委托信息填写正确，且已完全理解和接受背面"客户须知"的内容，上列款项及相关费用请从委托人账户内支付。 The above information has been confirmed correctly.The notice has been fully understood and accepted.The above remittance and related charges will be drawn from the reference account.				
银行填写 Bank Use	□联动收费　□非联动收费　□不收费	备注: Remarks		

受理（扫描）:　　　　审核:

ICBC 中国工商银行

业务委托书 回执
Application For Money Transfer

湘B 02041070

委托人全称 Name of Principal	
委托人账号 A/C of Principal	
收款人全称 Name of Payee	
收款人账号 A/C of Payee	
金额 Account	
委托日期 Date	

此联为银行受理通知书。若委托人申请汇票或本票业务，应凭此联领取汇票或本票。
This paper is a bank acceptance advise. For draft or promissory note application,please return this paper.

收　料　单

供应单位：　　　　　　　　　　　　　编号：
发票号码：　　　　　年　月　日　　　仓库：

编号	材料名称	型号规格	数量 应收	数量 实收	实际价格（元） 单价	发票金额	运杂费	合计 千	百	十	万	千	百	十	元	角	分
备注		验收人盖章						合　计 ¥________									

第二联 会计部门

采购员　　　　检验员　　　　记账员　　　　保管员

（18）15日，月初向本市光明公司销售产品，货款90 400元，收到转账支票一张，已送存银行。

要求：填写“银行进账单”。

ICBC 中国工商银行 进账单（借方凭证）2

年 月 日 No. 1305611

出票人	全 称		收款人	全 称	
	账 号			账 号	
	开户银行			开户银行	
金额	人民币（大写）				亿 千 百 十 万 千 百 十 元 角 分
票据种类		票据张数			
票据号码					
备注：				中国工商银行星城分行 大营支行 20×Ⅰ-12-15 收讫 (1)	
				复核：	记账：

此联是银行交收款人的收账通知

（19）15日，用银行存款归还上月欠本市红星公司的材料款40 950元。

要求：填制转账支票（支票存根作为记账的依据）。

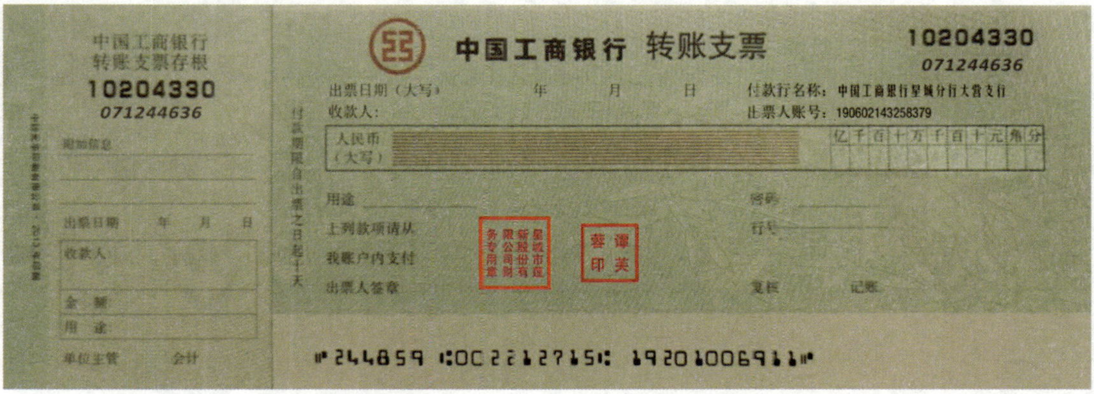
中国工商银行 转账支票存根
10204330
071244636
附加信息
出票日期 年 月 日
收款人：
金 额
用 途
单位主管 会计

中国工商银行 转账支票 10204330 071244636
付款期限自出票之日起十天
出票日期（大写） 年 月 日 付款行名称：中国工商银行星城分行大营支行
收款人： 出票人账号：190602143258379
人民币（大写） 亿 千 百 十 万 千 百 十 元 角 分
用途 密码
上列款项请从 行号
我账户内支付
出票人签章 复核 记账

（20）16日，向本市光明公司销售甲产品50件，单价1 400元；乙产品80件，单价450元。货物已被提走，收到转账支票一张已送存银行。

【所依据的原始凭证：增值税专用发票“记账联”、转账支票、进账单、出库单各1张】

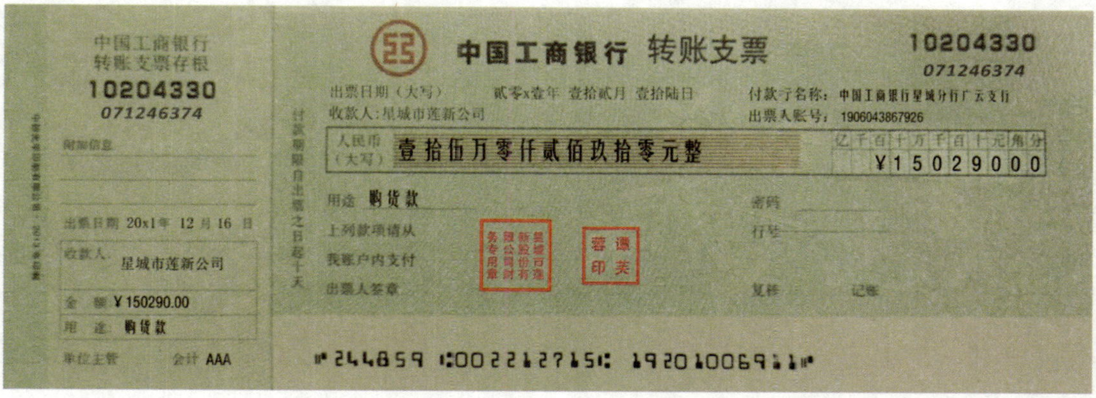

中国工商银行
转账支票存根
10204330
071246374
附加信息
出票日期 20x1年 12月 16日
收款人：星城市莲新公司
金 额 ￥150290.00
用 途 购货款
单位主管 会计 AAA

中国工商银行 转账支票 10204330
071246374
出票日期（大写） 贰零x壹年 壹拾贰月 壹拾陆日 付款行名称：中国工商银行星城分行广云支行
收款人：星城市莲新公司 出票人账号：1906043867926
人民币（大写） 壹拾伍万零仟贰佰玖拾零元整 亿 千 百 十 万 千 百 十 元 角 分 ￥15029000
付款期限自出票之日起十天
用途 购货款 密码
上列款项请从 行号
我账户内支付
出票人签章 星城市莲新股份有限公司财务专用章 谭芙蓉印 复核 记账
⑈244859⑆002212715⑆ 19201006911⑈

湖南增值税专用发票

43000452021 此联不作报销、扣税凭证使用 № 00035648

开票日期：20×1年12月16日

购买方	名 称：星城市光明有限责任公司 纳税人识别号：110102620102026124 地 址 、电 话：星城市新建路38号35112360 开户行及账号：工行广云支行1906043867926			密码区	（略）			
货物或应税劳务、服务名称	规格型号	单位	数量	单价	金 额	税率	税 额	
甲产品		件	50	1 400	70 000.00	13%	9 100.00	
乙产品		件	80	450	63 000.00	13%	8 190.00	
合计					￥133 000.00		￥17 290.00	
价税合计（大写）	⊗壹拾伍万零仟贰佰玖拾零元整				（小写）￥150 290.00			
销售方	名 称：星城市莲新股份有限公司 纳税人识别号：110102630101234618 地 址 、电 话：星城市营盘路29号35278180 开户行及账号：工行大营支行190602143258379			备注	（星城市莲新股份有限公司 110102630101234618 发票专用章）			

收款人： 复核： 开票人： 销售方：（章）

第一联 记账联 销售方记账凭证

ICBC 中国工商银行　　进账单（借方凭证）2

20x1 年 12 月 16 日　　No. 1305612

出票人	全称	星城市光明股份有限公司	收款人 全称	星城市莲新股份有限公司
	账号	1906043867926	账号	190602143258379
	开户银行	工行广云支行	开户银行	工行大营支行
金额	人民币（大写）	壹拾伍万伍仟陆佰壹拾元整	亿千百十万千百十元角分	¥ 1 5 5 6 1 0 0 0
票据种类	转账支票	票据张数 1张		
票据号码				
备注:				

中国工商银行星城分行 大营支行 20x1-12-16 收讫 (1)

复核:　　记账:

此联是银行交收款人的收账通知

产品出库单

购货单位：　　编号：1204

发票号码：　　20×1年12月16日　　仓库：一仓库

编号	产品名称	型号规格	数量 应发	数量 实发	单价	金额（元）千百十万千百十元角分
	甲产品		50	50		
	乙产品		80	80		
备注		发货人盖章			合计 ¥	

第二联 财务联

主管　　保管员 杨名　　检验员　　记账员 张林

【空白单据】

湖南增值税专用发票

全国统一发票监制章 湖南 国家税务总局监制

43000452021　　　　此联不作报销、扣税凭证使用　　　　№ 00035648

开票日期：　　年　月　日

购买方	名　　称： 纳税人识别号： 地 址 、 电 话 ： 开户行及账号：	密码区	（略）

货物或应税劳务、服务名称	规格型号	单位	数量	单价	金　额	税率	税　额
合计							
价税合计（大写）					（小写）		

销售方	名　　称： 纳税人识别号： 地 址 、 电 话 ： 开户行及账号：	备注	星城市莲新股份有限公司 110102630101234618 发票专用章

收款人：　　　　复核：　　　　开票人：　　　　销售方：（章）

第一联 记账联 销售方记账凭证

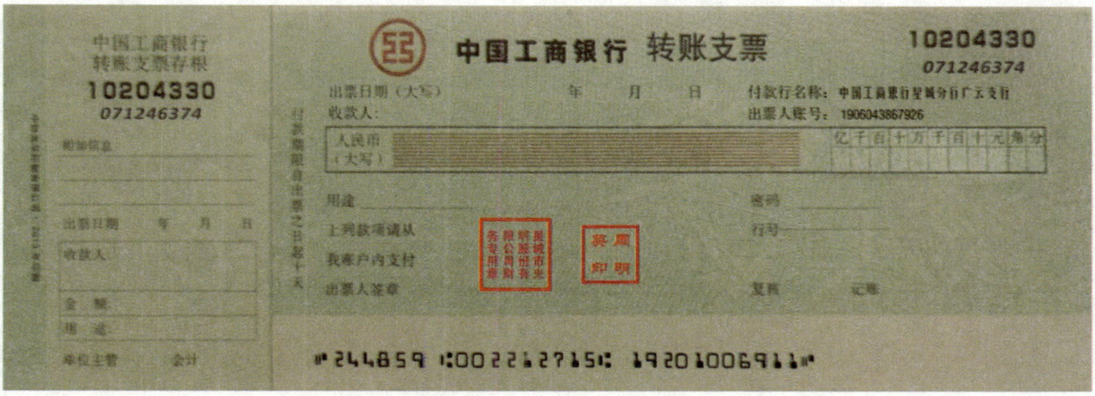
中国工商银行
转账支票存根
10204330
071246374
附加信息
出票日期　年　月　日
收款人
金　额
用　途
单位主管　　会计

中国工商银行　转账支票　10204330
071246374
出票日期（大写）　年　月　日　付款行名称：中国工商银行星城分行广云支行
收款人：　出票人账号：1906043867926
人民币（大写）　亿 千 百 十 万 千 百 十 元 角 分
付款期限自出票之日起十天
用途　密码
上列款项请从　行号
我账户内支付
出票人签章　复核　记账
星城市光明股份有限公司财务专用章　蔡周印明
⑈244859⑆002262715⑆ 192010069116⑈

ICBC 中国工商银行　　**进账单**（借方凭证）2

年　月　日　　　　No. 1305612

出票人	全　称		收款人	全　称	
	账　号			账　号	
	开户银行			开户银行	
金额	人民币（大写）			亿 千 百 十 万 千 百 十 元 角 分	
票据种类		票据张数		中国工商银行星城分行 大营支行 20x1-12-16 收讫 (1)	
票据号码					
备注：				复核：　　记账：	

此联是银行交收款人的收账通知

产品出库单

购货单位：　　　　　　　　　　　　编号：

发票号码：　　　年　月　日　　　　仓库：

编号	产品名称	型号规格	数量		单价	金额（元）
			应发	实发		千 百 十 万 千 百 十 元 角 分
备注		发货人盖章			合计 ¥	

主管　　　　保管员　　　　检验员　　　　记账员

第二联　财务联

（21）收到银行业务回单一份，本月10日委托银行收取耀华公司的货款已到账。

【所依据的原始凭证：第（14）题单据②】

（22）16日，网银支付星城市电信局电话费778元，其中，行政管理部门485元，生产车间293元。

【所依据的原始凭证：网上银行电子回单1张、星城市电信局发票2张（开户行：工行湘江支行 190362041212008）、电话费分配表1张】

中国工商银行 网上银行电子回单

电子回单号码：0020-3789-2022-1010 打印日期：20x1 年 12 月 16 日

收款人	户 名	星城市电信股份公司	付款人	户 名	星城市莲新公司
	账 号	190602143258379		账 号	190602143258379
	开户银行	工行湘江支行		开户银行	工行大营支行
金 额		¥778.00	金额（大写）		人民币 柒佰柒拾捌元整
摘 要		电话费	业务(产品)种类		结算业务凭证
用 途					
交易流水号		121501004	时间戳		20x1-12-16-15:36:06
中国工商银行 电子回单 专用章		备注： 附言：			
		验证码：xxxxxxx			

记账网点：1903003 记账柜员：009 记账日期：20x1 年 12 月 16 日

中国电信 CHINA TELECOM 中国电信股份有限公司星城分公司电信收费专用发票

发 票 联

发票代码：23100984001
发 票 号：21747646

客户名称：星城市莲新股份有限公司 流水号：
客户号码：0731-35278180 计费周期：20×1.12.01-12.31
开户银行：工行大营支行 银行账号：190602143258379
扣款日期：20×1 年 12 月 16 日 20×1 年 12 月 16 日填开

项目	金额（元）	项目	金额（元）
月基本费 通信费 综合信息服务费	18.00 427.00 50.00	优惠赠送 已付费用 代收费用	-10.00
本月合计：485.00 元 其中：预付金支付 0（元） 现金支付 0（元）			
发票金额（大写）：肆佰捌拾伍元整 （小写）：485.00			
备注：			

（印章：星城市电信股份公司 发票专用章）

收款单位（盖章）： 收款员：王芳

说明：本发票经收款单位和收款员盖章方为有效。（本发票手写无效）

详细话费信息可查询网上客户服务中心（http：//hn.ct10000.com）

中国电信 CHINA TELECOM 中国电信股份有限公司星城分公司电信收费专用发票

发票代码：2310098400l
发 票 号：21747647

发 票 联

客户名称：星城市莲新股份有限公司
流水号：
客户号码：0731-35278180
计费周期：20×1.12.01-12.31
开户银行：工行大营支行
银行账号：190602143258379
扣款日期：20×1年12月16日
20×1年12月16日填开

项目	金额（元）	项目	金额（元）
月基本费 通信费 综合信息服务费	18.00 265.00 20.00	优惠赠送 已付费用 代收费用	-10.00
本月合计：293.00元	其中：预付金支付0（元） 现金支付0（元）		
发票金额（大写）：贰佰玖拾叁元整	（小写）：293.00		
备注：			

收款单位（盖章）： 收款员：王芳

说明：本发票经收款单位和收款员盖章方为有效。（本发票手写无效）

详细话费信息可查询网上客户服务中心（http://hn.ct10000.com）

电话费分配表

20×1年12月16日 金额单位：元

部　门	分配标准	分配率	分配金额
生产车间	293		293
行政管理部门	485		485
合　计	778	1.0	778

会计主管： 记账：张冰 制表：王利

【空白单据】

中国工商银行 网上银行电子回单

电子回单号码: 打印日期: 年 月 日

收款人	户 名		付款人	户 名	
	账 号			账 号	
	开户银行			开户银行	
金 额			金额（大写）		人民币
摘 要			业务(产品)种类		
用 途					
交易流水号			时间戳		
中国工商银行 电子回单 专用章		备注: 附言:			
		验证码:			
记账网点:		记账柜员:		记账日期:	

中国电信 CHINA TELECOM 中国电信股份有限公司星城分公司电信收费专用发票

发 票 联

发票代码：23100984001
发 票 号：21747646

客户名称： 流水号：
客户号码： 计费周期：
开户银行： 银行账号：
扣款日期： 年 月 日填开

项目	金额（元）	项目	金额（元）
月基本费 通信费 综合信息服务费		优惠赠送 已付费用 代收费用	
本月合计： 元 其中：预付金支付 （元） 现金支付 （元）			
发票金额（大写）：		（小写）：	
备注：			

星城市电信股份公司 发票专用章

收款单位（盖章）： 收款员：

说明：本发票经收款单位和收款员盖章方为有效。（本发票手写无效）

详细话费信息可查询网上客户服务中心（http://hn.ct10000.com）

中国电信 CHINA TELECOM 中国电信股份有限公司星城分公司电信收费专用发票

发 票 联

发票代码：23100984001
发 票 号：21747647

客户名称：
客户号码：
开户银行：
扣款日期：

流水号：
计费周期：
银行账号：
年 月 日填开

项目	金额（元）	项目	金额（元）
月基本费 通信费 综合信息服务费		优惠赠送 已付费用 代收费用	
本月合计： 元 其中：预付金支付 （元） 现金支付 （元）			
发票金额（大写）：		（小写）：	
备注：			

星城市电信股份公司 发票专用章

收款单位（盖章）： 收款员：

说明：本发票经收款单位和收款员盖章方为有效。（本发票手写无效）

详细话费信息可查询网上客户服务中心（http://hn.ct10000.com）

电话费分配表

20×1年12月16日 金额单位：

部 门	分配标准	分配率	分配金额
生产车间			
行政管理部门			
合 计			

会计主管： 记账：张林 制表：王利

（23）17日，网银支付公司计算机中心从京东商城订购资料的费用450元。
【所依据的原始凭证：购物发票、网上银行电子回单各1张】

北京增值税电子普通发票

发票代码：011002300711x
发票号码：00342586
开票日期：20×1年12月17日
校 验 码：4538 9208 3089 8556

机器编码：661200363217

购买方	名　　称：星城市莲新股份有限公司 纳税人识别号：110102630101234618O 地 址 、电 话：星城市营盘路29号3527818 开户行及账号：工行大营支行190602143258379	密码区	（略）

货物或应税劳务、服务名称	规格型号	单位	数量	单价	金　额	税率	税　额
印刷品	无	批	1	450.00	450.00	免税	
合计							
价税合计（大写）	⊗仟肆佰伍拾零元整				（小写）¥450.00		

销售方	名　　称：北京京东世纪信息技术有限公司 纳税人识别号：91110302562134916R 地 址 、电 话：北京市经济技术开发区科创十一街84961676 开户行及账号：招行北京青年路支行110907597010206	备注	北京京东世纪信息技术有限公司 91110302562134916R 发票专用章

收款人：王思　　复核：李梅　　开票人：常乐　　销售方：（章）

中国工商银行 网上银行电子回单

电子回单号码：ZZHK-000306324-1086　　打印日期：20X1年12月17日

收款人	户 名	北京京东世纪信息技术有限公司	付款人	户 名	星城市莲新股份有限公司
	账 号	1109075970102666		账 号	190602143258379
	开户银行	招行北京青年路支行		开户银行	工行大营支行
金 额		¥450.00	金额（大写）		人民币 肆佰伍拾元整
摘 要		购书籍资料	业务(产品)种类		付款业务
用 途					
交易流水号		20x112171903168	时间戳		20x1-12-17 10:50:55
中国工商银行 电子回单 专用章		备注： 附言：购书籍资料一批 验证码：xxxxxxxxx			

记账网点：1903004　　记账柜员：008　　记账日期：20x1-12-17

【空白单据】

北京增值税电子普通发票

全国统一发票监制章　北京市税务局

发票代码：011002300711x
发票号码：00342586
开票日期：20×1年12月17日
校 验 码：4538 9208 3089 8556

机器编码：

购买方	名　　称： 纳税人识别号： 地 址 、电 话： 开户行及账号：				密码区	（略）	
货物或应税劳务、服务名称	规格型号	单位	数量	单价	金　额	税率	税　额
合计							
价税合计（大写）						（小写）	
销售方	名　　称： 纳税人识别号： 地 址 、电 话： 开户行及账号：				备注	北京东世纪信息技术有限公司 91110302562134916R 发票专用章	

收款人：王思　　复核：李梅　　开票人：常乐　　销售方：（章）

中国工商银行　网上银行电子回单

电子回单号码：　　　　打印日期：

收款人	户 名		付款人 户 名	
	账 号		账 号	
	开户银行		开户银行	
金　额			金额（大写）	人民币
摘　要			业务(产品)种类	
用　途				
交易流水号			时间戳	
中国工商银行 电子回单 专用章	备注： 附言：			
	验证码：xxxxxxxxx			
记账网点：		记账柜员：		记账日期：

（24）17日，用银行存款归还到期短期借款本金60 000元。

【所依据的原始凭证：银行贷款还款凭证1张】

ICBC 中国工商银行 贷款还款凭证

贷款种类：流动资金贷款　　20x1年12月17日　　第5号

				亿	千	百	十	万	千	百	十	元	角	分
还款单位 名称	星城市莲新股份有限公司													
付款账号	190602143258379	贷款账号	190620135430278											
开户银行	中国工商银行星城分行大营支行	开户银行	中国工商银行星城分行大营支行											
本次偿还金额	人民币（大写）陆万元整			亿	千	百	十	万	千	百	十	元	角	分
摘要：归还流动资金贷款		累计还款						¥	6	0	0	0	0	0
上述借款请从本单位基本存款账户中支付														
（还款单位盖章）20x1年12月17日	星城市莲新股份有限公司财务专用章	（银行盖章）20x1年12月17日	中国工商银行星城分行大营支行 20x1-12-17 收讫（1）											

第三联 退借款单位作还款通知

【空白单据】

ICBC 中国工商银行 贷款还款凭证

贷款种类：　　年　月　日　　第　号

				亿	千	百	十	万	千	百	十	元	角	分
还款单位 名称														
付款账号		贷款账号												
开户银行		开户银行												
本次偿还金额	人民币（大写）			亿	千	百	十	万	千	百	十	元	角	分
摘要：		累计还款												
上述借款请从本单位基本存款账户存款户中支付														
（还款单位盖章）年 月 日		（银行盖章）年 月 日												

第三联 退借款单位作还款通知

（25）18日，光明公司业务员以现金支付上月货款3 800元，该笔款已于当天存入银行。

【记账依据：现金收据、现金缴款单各1张】

收　据

20×1年12月18日　　　　第 11 号

今收到　光明公司上月货款										第三联存根
人民币（大写）：叁仟捌佰元		十	万	千	百	十	元	角	分	
			¥	3	8	0	0	0	0	
事由：业务员交现金货款　现金收讫		现金								
		支票　　号								
收款单位		财务负责人		收款人		刘芳				

ICBC 中国工商银行　现金缴款单

20x1 年 12 月 18 日　　　　序号：

客户填写部分	收款人户名	星城市莲新股份有限公司									第二联　收款人入账通知
	收款人账号	19060214258379				收款人开户行	中国工商银行星城分行大营支行				
	缴 款 人					款项来源	货款				
	币种(√)　人民币(√)　外币：	大写：叁仟捌佰元整					亿 千 百 十 万 千 百 十 元 角 分 ¥ 3 8 0 0 0 0				
	券别	100元	50元	20元	10元	5元	2元	1元		辅币(金额)	
	张数										
银行填写部分	日期：　金额：	日志号：　终端号：		交易码：　主 管：			币种：　柜员：				
	中国工商银行星城分行大营支行　20x1-12-18　收 讫　(1)										

制票　　　　复核

【空白单据】

收　据

年　月　日　　　　第　　号

今收到										第三联存根
人民币（大写）：		十	万	千	百	十	元	角	分	
事由：　现金收讫		现金								
		支票　　号								
收款单位		财务负责人		收款人						

ICBC 中国工商银行 现金缴款单

年 月 日 序号:

客户填写部分																			
收款人户名																			
收款人账号						收款人开户行													
缴 款 人						款项来源													
币种(√)	人民币(√)	大写:							亿	千	百	十	万	千	百	十	元	角	分
	外币:																		
券别	100元	50元	20元	10元	5元	2元	1元					辅币(金额)							
张数																			

银行填写部分			
日期:	日志号:	交易码:	币种:
金额:	终端号:	主 管:	柜员:

中国工商银行星城分行 大营支行 20x1-12-18 收讫 (1)

制票 复核

第二联 收款人入账通知

（26）18日，加工车间领用机器润滑油20千克，单价200元。（计入制造费用）

【所依据的原始凭证：领料单1张】

领 料 单

领料部门：加工车间

领料用途： 20×1年12月18日 第10号

材料编码	材料名称	单位	请领数量	实领数量	实际单价	金额 十	万	千	百	十	元	角	分
	润滑油	千克	20	20	200				4	0	0	0	0
附件：		张		合 计				¥	4	0	0	0	0

仓库主管 记账 发料 领料

第二联 交会计部门

【空白单据】

领　料　单

领料部门：

领料用途：　　　　　　　　年　月　日　　　　　　　　第　号

材料编码	材料名称	单位	请领数量	实领数量	实际单价	金额							
						十	万	千	百	十	元	角	分
附件：　张				合计									

第二联　交会计部门

仓库主管　　　　记账　　　　发料　　　　领料

实训二　记账凭证的填制与审核

一、实训要求

（1）熟练掌握记账凭证的填制。

根据实训一中审核无误的原始凭证和实训二的经济业务编制记账凭证。实训二的经济业务在填制记账凭证时要求先审核相应的原始凭证，只有审核确认无误的原始凭证才能填制记账凭证。

（2）审核操作者自制的记账凭证以及实训二中提供的已经填制好的记账凭证。

根据实训一的要求，检查所填制记账凭证是否合乎规定。根据记账凭证的审核要求对实训中已提供的记账凭证进行审核，对于审核不通过的记账凭证应当重新填制。

二、实训指导

（一）《会计基础工作规范》（2019年修订）中对记账凭证填制的相关要求

……

第五十条　会计机构、会计人员要根据审核无误的原始凭证填制记账凭证。

记账凭证可以分为收款凭证、付款凭证和转账凭证，也可以使用通用记账凭证。

第五十一条　记账凭证的基本要求是：

（一）记账凭证的内容必须具备：填制凭证的日期；凭证编号；经济业务摘要；会计科目；金额；所附原始凭证张数；填制凭证人员、稽核人员、记账人员、会计机构负责人、会计主管人员签名或者盖章。收款和付款记账凭证还应当由出纳人员签名或者盖章。

以自制的原始凭证或者原始凭证汇总表代替记账凭证的，也必须具备记账凭证应有的项目。

（二）填制记账凭证时，应当对记账凭证进行连续编号。一笔经济业务需要填制两张以上记账凭证的，可以采用分数编号法编号。

（三）记账凭证可以根据每一张原始凭证填制，或者根据若干张同类原始凭证汇总填制，也可以根据原始凭证汇总表填制。但不得将不同内容和类别的原始凭证汇总填制在一张记账凭证上。

（四）除结账和更正错误的记账凭证可以不附原始凭证外，其他记账凭证必须附有原始凭证。如果一张原始凭证涉及几张记账凭证，可以把原始凭证附在一张主要的记账凭证后面，并在其他记账凭证上注明附有该原始凭证的记账凭证的编号或者附原始凭证复印件。

一张复始凭证所列支出需要几个单位共同负担的，应当将其他单位负担的部分，开给

对方原始凭证分割单，进行结算。原始凭证分割单必须具备原始凭证的基本内容：凭证名称、填制凭证日期、填制凭证单位名称或者填制人姓名、经办人的签名或者盖章、接受凭证单位名称、经济业务内容、数量、单价、金额和费用分摊情况等。

（五）如果在填制记账凭证时发生错误，应当重新填制。

已经登记入账的记账凭证，在当年内发现填写错误时，可以用红字填写一张与原内容相同的记账凭证，在摘要栏注明“注销某月某日某号凭证”字样，同时再用蓝字重新填制一张正确的记账凭证，注明“订正某月某日某号凭证”字样。如果会计科目没有错误，只是金额错误，也可以将正确数字与错误数字之间的差额，另编一张调整的记账凭证，调增金额用蓝字，调减金额用红字。发现以前年度记账凭证有错误的，应当用蓝字填制一张更正的记账凭证。

（六）记账凭证填制完经济业务事项后，如有空行，应当自金额栏最后一笔金额数字下的空行处至合计数上的空行处划线注销。

第五十二条　填制会计凭证，字迹必须清晰、工整，并符合下列要求：

（一）阿拉伯数字应当一个一个地写，不得连笔写。阿拉伯金额数字前面应当书写货币币种符号或者货币名称简写和币种符号。币种符号与阿拉伯金额数字之间不得留有空白。凡阿拉伯数字前写有币种符号的，数字后面不再写货币单位。

（二）所有以元为单位（其他货币种类为货币基本单位，下同）的阿拉伯数字，除表示单价等情况外，一律填写到角分；无角分的，角位和分位可写“00”，或者符号“--”；有角无分的，分位应当写“0”，不得用符号“–”代替。

（三）汉字大写数字金额如零、壹、贰、叁、肆、伍、陆、柒、捌、玖、拾、佰、仟、万、亿等，一律用正楷或者行书体书写，不得用0、一、二、三、四、五、六、七、八、九、十等简化字代替，不得任意自造简化字。大写金额数字到元或者角为止的，在“元”或者“角”字之后应当写“整”字或者“正”字；大写金额数字有分的，分字后面不写“整”或者“正”字。

（四）大写金额数字前未印有货币名称的，应当加填货币名称，货币名称与金额数字之间不得留有空白。

（五）阿拉伯金额数字中间有“0”时，汉字大写金额要写“零”字；阿拉伯数字金额中间连续有几个“0”时，汉字大写金额中可以只写一个“零”字；阿拉伯金额数字元位是“0”，或者数字中间连续有几个“0”、元位也是“0”但角位不是“0”时，汉字大写金额可以只写一个“零”字，也可以不写“零”字。

……

（二）实训步骤

1. 熟悉经济业务

在填制记账凭证之前，熟悉每笔经济业务，对经济业务的性质、发生的条件及原因、制度规定等情况有所了解，判断应选用凭证的种类、格式，明确填制要求。

2. 填制记账凭证

在熟悉经济业务的基础上，按照上述相关实训要求，逐笔填制记账凭证。在本轮实训中，一律采用专用记账凭证（即收款凭证、付款凭证、转账凭证）。

（1）常用的记账凭证格式

常用的记账凭证格式如图1–3至图1–5所示。

收 款 凭 证

借方科目： 年 月 日 ________字第____号

摘 要	贷 方 科 目			金 额	记 账（签章）
	总账科目	明细科目	三级科目		
合 计					

附件 张

会计主管 出纳 审核 制单

图1-3 收款凭证

付 款 凭 证

贷方科目： 年 月 日 ________字第____号

摘 要	借 方 科 目			金 额	记 账（签章）
	总账科目	明细科目	三级科目		
合 计					

附件 张

会计主管 出纳 审核 制单

图1-4 付款凭证

转 账 凭 证

年　月　日　　　　________字第____号

摘要	会计科目			借方金额	贷方金额	账页或√
	总账科目	明细科目	三级科目			
合　计						

附件　张

会计主管　　　　审核　　　　制单

图1-5　转账凭证（1）

注：记账凭证中涉及的人员：制单：学生本人，出纳：按题中列示，会计主管和审核由同学交叉填写（20～26题由学生本人审核）

（2）记账凭证填制要求

①发生库存现金与银行存款之间相互转化的收付款业务时，一律编制付款凭证，不编制收款凭证。

②记账凭证的摘要栏既是对经济业务的简要说明，又是登记账簿的重要依据，必须针对不同性质的经济业务的特点，考虑到登记账簿的需要，正确填写，不可漏填或错填。

③必须按照会计制度统一规定的会计科目，根据经济业务的性质编制会计分录，填入“借方科目”和“贷方科目”栏，“二级或明细科目”是指一级科目下面的二级或明细科目，不需要进行明细核算的一级科目，也可以不填“二级或明细科目”栏。

④金额栏登记的金额应和“借方科目”或“贷方科目”相对应或与“一级科目”“二级或明细科目”分别对应。

⑤过账符号栏，是在根据该记账凭证登记有关账簿后，在该栏注明所记账簿的页数或划“√”，表示已经登记入账，避免重记、漏记，在没有登记入账之前，该栏没有记录。

⑥凭证编号，记账凭证在一个月内应当连续编号，以便查核。收款、付款和转账凭证分别编号，对于收、付款凭证还要根据收付的是库存现金或银行存款分别编号，如“银收第×号”“现付第×号”“转字第×号”。一笔经济业务，需要编制多张记账凭证时，可采用“分数编号法”，例如，一笔经济业务需要编制两张转账凭证，凭证的顺序号为16时，可编转字第$16\frac{1}{2}$号，转字第$16\frac{2}{2}$号。前面的整数表示业务顺序，分子表示两张中的第一张或第二张，分母表示编制的张数。

⑦记账凭证的日期，收、付款凭证应按货币资金收、付的日期填写；转账凭证原则上应按收到原始凭证的日期填写，也可按填制转账凭证的日期填写。

⑧记账凭证右边“附件×张”，是指该记账凭证所附的原始凭证的张数，在凭证上必须注明，以便查核。如果根据同一原始凭证填制数张记账凭证时，则应在未附原始凭证的

记账凭证上注明“附件××张，见第××号记账凭证”。如果原始凭证需要另行保管时，则应在附件栏内加以注明。

⑨对于收款凭证或付款凭证左上方的“借方科目”或“贷方科目”，必须是“库存现金”或“银行存款”，不能是其他会计科目。凭证里面的“贷方科目”或“借方科目”是与“库存现金”“银行存款”分别对应的科目。

⑩记账凭证填写完毕应进行复核与检查，并按所使用的记账方法进行试算平衡。有关人员均要签名或盖章，出纳人员根据收款凭证收款，或根据付款凭证付款时，要在凭证上加盖“收讫”或“付讫”的戳记，以免重收重付，防止差错。

3. 审核记账凭证

对填制好的记账凭证，按填制要求进行审核，审核的主要内容包括以下三个方面：

（1）审核记账凭证的内容：包括审核记账凭证是否附有原始凭证，记账凭证的内容与所附原始凭证的内容是否相符。

（2）审核会计处理方法：包括审核会计科目的应用是否正确，二级或明细科目是否齐全，科目对应关系是否清晰，金额是否正确。

（3）审核其他有关项目是否全部填列齐全，有关人员是否签字或盖章。

业务第（40）~（47）项，除原始凭证外，同时给出了不带凭证编号的记账凭证（凭证类型不同编号也不同，请读者根据凭证类型编号），对于正确无误的记账凭证，补充凭证编号即可，无需再填制记账凭证。

（三）图示举例

转账凭证如图1-6所示。

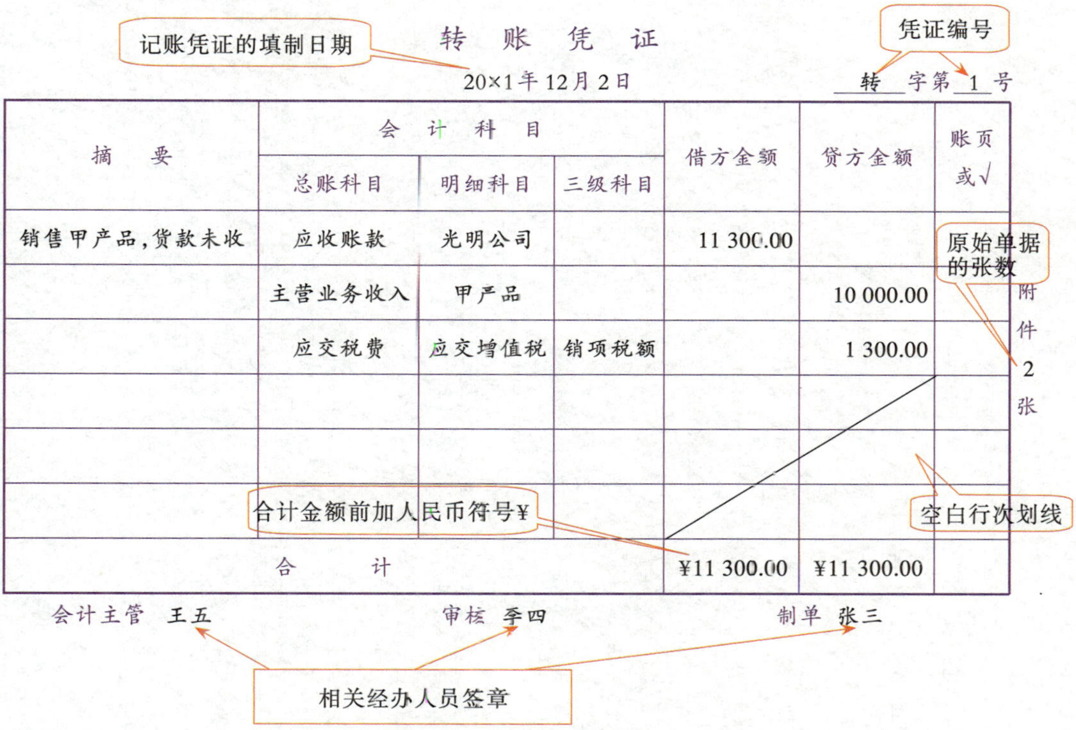

摘要	会计科目			借方金额	贷方金额	账页或√
	总账科目	明细科目	三级科目			
销售甲产品，货款未收	应收账款	光明公司		11 300.00		
	主营业务收入	甲产品			10 000.00	
	应交税费	应交增值税	销项税额		1 300.00	
合计				￥11 300.00	￥11 300.00	

图1-6 转账凭证（2）

三、实训资料

1. 填制实训一资料中所有经济业务（（1）～（26）题）的记账凭证。

2. 根据以下经济业务所提供的原始凭证，正确填制记账凭证。

（27）19日，向本市光明公司销售甲产品50件，单价1 400元；乙产品100件，单价450元。货物已发出，货款暂未收到。假设该批销货符合商品销售收入的确认条件。

【所依据的原始凭证：产品出库单、增值税专用发票“记账联”各1张】

产品出库单

购货单位：光明公司　　　　　　　　　　　　　　　　编号：

发票号码：00035649　　　　20×1年12月19日　　　　仓库：

编号	产品名称	型号规格	数量 应发	数量 实发	单价	金额（元）
	甲产品	件	50	50	1 400	7000000
	乙产品	件	100	100	450	4500000
备注		发货人盖章			合计 ¥115 000.00	

（金额栏分列：千 百 十 万 千 百 十 元 角 分）

第二联　财务联

主管　　　　保管员　　　　检验员　　　　记账员

湖南增值税专用发票

（印章：全国统一发票监制章　湖南　国家税务总局监制）

43000452021　　　　此联不作报销、扣税凭证使用　　　　№ 00035649

开票日期：20×1年12月19日

购买方	名称：星城市光明股份有限公司 纳税人识别号：110102620102026124 地址、电话：星城市新建路38号35112360 开户行及账号：工行广云支行190604386792510			密码区	（略）		
货物或应税劳务、服务名称	规格型号	单位	数量	单价	金额	税率	税额
甲产品		件	50	1 400	70 000.00	13%	9 100.00
乙产品		件	100	450	45 000.00	13%	5 850.00
合计					¥115 000.00		¥14 950.00
价税合计（大写）	⊗壹拾贰万玖仟玖佰伍拾零元整				（小写）¥129 950.00		
销售方	名称：星城市莲新股份有限公司 纳税人识别号：110102630101234618 地址、电话：星城市营盘路29号35278180 开户行及账号：工行大营支行190602143258379			备注	（印章：星城市莲新股份有限公司 110102630101234618 发票专用章）		

第一联　记账联　销售方记账凭证

收款人：　　　　复核：　　　　开票人：　　　　销售方：（章）

（28）19日，供销科科长陈青林报销业务招待费980元，用现金支付。
【记账依据：通用机打发票1张】

湖南省国家税务局通用机打发票

全国统一发票监制章 湖南 国家税务总局监制

发票代码：143001010131
发票号码：05760321
机打号码：
机器编号：
收款单位：星城市餐饮服务有限公司
税　　号：430000102780882322
开票日期：20×1年12月19日　收款员：收款员1
付款单位（个人）：星城市莲新股份有限公司

项目	单价	数量	金额
餐费		1	980.00

星城市餐饮服务有限公司 430000102780882322 发票专用章

小写合计：¥980.00
大写合计：玖佰捌拾元整

（29）20日，12日从吉安公司购买的材料款项如期承付。
【记账依据：银行托收凭证（见实训一（17）题）】
（30）20日，从银行提取现金101 431.80元以备发放工资。
【记账依据：现金支票存根1张】

中国工商银行
现金支票存根
10204315
07328087

附加信息

出票日期 20x1年 12 月 20 日

收款人：莲新公司

金 额：¥101431.80

用 途：工资

单位主管　　会计 刘芳

（31）22日，用现金发放工资101 431.80元。

【记账依据：工资结算汇总表】

工资结算汇总表（简易版）

20x1年12月

部门		标准工资	加班工资	物价津贴	夜班津贴	应发工资	养老保险	医疗保险	失业保险	住房公积金	实发工资
加工车间	甲产品	51300	2000	900	500	54700	4376	1094	547	8205	40478
	乙产品	41000	1200	700	300	43200	3456	864	432	6480	31968
	管理人员	2900	700	500		4100	328	82	41	615	3034
装配车间	甲产品	9200	1100	500	200	11000	880	220	110	1650	8140
	乙产品	8100	1000	400	200	9700	776	194	97	1455	7178
	管理人员	1050	600	400		2050	164	41	20.5	307.5	1517
管理部门		10400	1060	860		12320	985.6	246.4	123.2	1848	9116.8
合计		123950	7660	4260	1200	137070	10965.6	2741.4	1370.7	20560.5	101431.8

制表：王一

（32）23日，从中国工商银行取得生产用流动资金借款80 000元。

【记账依据：中国工商银行借款凭证1张】

ICBC 中国工商银行　借款凭证

No. 0024633

20x1 年 12 月 23 日　　第 9 号

借款人	星城市莲新股份有限公司	贷款账号	190620135430278	存款账号	190602143258379
贷款金额	人民币(大写) 捌万元整			亿千百十万千百十元角分	¥8000000
用途	生产周转	期限	约定还款日期	20x2 年 6 月 22 日	
		6个月	贷款利率 4.00%	借款合同号码	20x11231903066

兹借到上列贷款，保证按规定用途使用，不作他用，到期时请凭此凭证收回贷款。

星城市莲新股份有限公司财务专用章　（借款人印鉴）

分次还款记录

日期	还款金额	余额	经办	复核

中国工商银行 星城分行大营支行 20x1-12-23 业务专用章

银行审批意见：**同意**　　行长 张xx　　信贷主任 李xx　　信贷员 赵xx

（33）23 日，从本市红星公司购进 C 材料 1 500 千克，单价 22 元，价款共计 33 000 元，增值税税额 4 290 元，材料已验收入库，贷款暂欠。

【记账依据：增值税专用发票“发票联”、增值税专用发票“抵扣联”、收料单各 1 张】

湖南增值税专用发票

（全国统一发票监制章 湖南 国家税务总局监制）　发票联

4300045202　　№ 00027810

开票日期：20×1 年 12 月 23 日

购买方	名称：星城市莲新股份有限公司 纳税人识别号：110102630101234618 地址、电话：星城市营盘路 29 号 35278180 开户行及账号：工行大营支行 190602143258379			密码区	（略）		
货物或应税劳务、服务名称	规格型号	单位	数量	单价	金额	税率	税额
C 材料		千克	1 500	22	33 000.00	13%	4 290.00
合计			1 500		¥33 000.00		¥4 290.00
价税合计（大写）	⊗叁万柒仟贰佰玖拾零元整				（小写）¥37 290.00		
销售方	名称：星城市红星股份有限公司 纳税人识别号：110102621879321006 地址、电话：星城市泰山路 93 号 31201160 开户行及账号：工行泰山支行 190528113679452			备注	星城市红星股份有限公司 110102621879321006 发票专用章		

第三联　发票联　购买方记账凭证

收款人：　　复核：　　开票人：　　销售方：（章）

湖南增值税专用发票

抵扣联

43000452021 №00027810

开票日期：20×1年12月23日

购买方	名称：星城市莲新股份有限公司 纳税人识别号：110102630101234618 地址、电话：星城市营盘路29号35278180 开户行及账号：工行大营分理处190602143258379	密码区	（略）

货物或应税劳务、服务名称	规格型号	单位	数量	单价	金额	税率	税额
C材料		千克	1 500	22	33 000.00	13%	4 290.00
合计			1 500		¥33 000.00		¥4 290.00
价税合计（大写）	⊗叁万柒仟贰佰玖拾零元整						（小写）¥37 290.00

销售方	名称：星城市红星股份有限公司 纳税人识别号：110102621879321006 地址、电话：星城市泰山路93号31201150 开户行及账号：工行泰山支行190528113679452	备注	星城市红星股份有限公司 110102621879321006 发票专用章

收款人： 复核： 开票人： 销售方：（章）

第二联 抵扣联 销售方抵扣凭证

收 料 单

供应单位：红星公司 编号：

发票号码：00027810 20×1年12月23日 仓库：

编号	材料名称	型号规格	数量		实际价格（元）												
			应收	实收	单价	发票金额	运杂费	合计									
								千	百	十	万	千	百	十	元	角	分
	C材料		1 500	1 500	22	33 000.00					3	3	0	0	0	0	0
备注					验收人盖章			合计¥ 33 000.00									

采购员 检验员 记账员 保管员

第二联 会计部门

（34）24日，加工车间领用C材料1 400千克，单价20元，月于生产甲产品。

【说明：本题只要求在本实训一第（15）笔业务给出的“限额领料单”上填写，本业务在此处不填制记账凭证，月终根据“限额领料单”按本月实际耗用数填制转账凭证】

（35）24日，开出转账支票支付本月代扣职工保险费和住房公积金35 638.20元。

【记账依据：工资结算汇总表1张（见（31）题）、转账支票存根3张】

中国工商银行
转账支票存根
10204330
071244641
附加信息
出票日期 20x1 年 12 月 24 日
收款人：星城市社保局
金　额 ￥12336.30
用　途 12月份养老、失业保险
单位主管　　会计

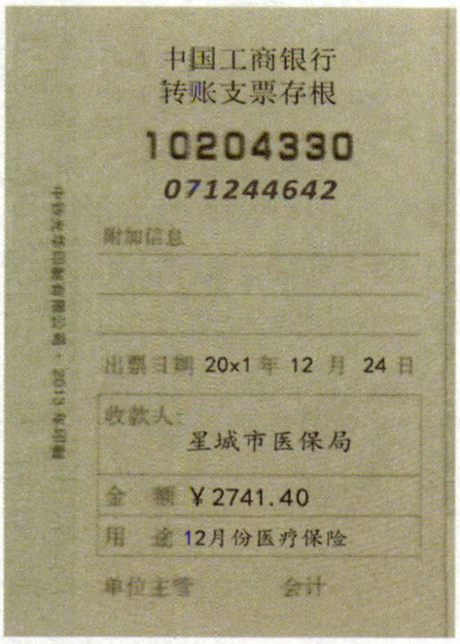
中国工商银行
转账支票存根
10204330
071244642
附加信息
出票日期 20x1 年 12 月 24 日
收款人：星城市医保局
金　额 ￥2741.40
用　途 12月份医疗保险
单位主管　　会计

中国工商银行
转账支票存根
10204330
071244643
附加信息
出票日期 20x1 年 12 月 24 日
收款人：星城市住房公积金中心
金　额 ￥20560.50
用　途 12月份住房公积金
单位主管　　会计

（36）25日，向大冶市耀华公司销售甲产品4件，单价1 400元；乙产品8件，单价450元。货物已发出，货款以现金结算。

【记账依据：产品出库单、增值税专用发票“记账联”各1张】

产品出库单

购货单位：耀华公司　　　　　　　　　　　　　　　　　　编号：

发票号码：00035650　　　　20×1年12月19日　　　　　　仓库：

编号	产品名称	型号规格	数量 应发	数量 实发	单价	千	百	十	万	千	百	十	元	角	分
	甲产品		4	4	1 400					5	6	0	0	0	0
	乙产品		8	8	450					3	6	0	0	0	0
备注		发货人盖章			合计￥ 9 200.00										

第二联　财务联

主管　　　　保管员　　　　检验员　　　　记账员

湖南增值税专用发票

43000452021　　　　此联不作报销、扣税凭证使用　　　　№ 00035650

开票日期：20×1年12月25日

购买方	名称：大冶市耀华股份有限公司 纳税人识别号：130203112345678104 地址、电话：大冶市滨河路26号 32337660 开户行及账号：工行滨河支行 190528014287965			密码区	(略)		
货物或应税劳务、服务名称	规格型号	单位	数量	单价	金额	税率	税额
甲产品		件	4	1 400	5 600.00	13%	728.00
乙产品		件	8	450	3 600.00		468.00
合计					￥9 200.00		￥1 196.00
价税合计（大写）	⊗壹万零仟叁佰玖拾陆元整					（小写）￥10 396.00	
销售方	名称：星城市莲新股份有限公司 纳税人识别号：110102630101234618 地址、电话：星城市营盘路29号 35278180 开户行及账号：工行大营支行 190602143258379			备注			

第一联　记账联　销售方记账凭证

收款人：　　　　复核：　　　　开票人：　　　　销售方：（章）

（印章：全国统一发票监制章 湖南 国家税务总局监制；星城市莲新股份有限公司 110102630101234618 发票专用章）

（37）25日，将收到的现金销货款10 396元存入银行。

【记账依据：现金缴款单1张】

ICBC 中国工商银行　现金缴款单

20x1 年 12 月 25 日　　序号：101

客户填写部分	收款人户名	星城市莲新股份有限公司																			
	收款人账号	190602143258379						收款人开户行	工行大营支行												
	缴款人							款项来源	现金销货款												
	币种(√)	人民币(√)	大写：壹万零叁佰玖拾陆元整								亿	千	百	十	万	千	百	十	元	角	分
		外币：												¥	1	0	3	9	6	0	0
	券别	100元	50元	20元	10元	5元	2元	1元				辅币(金额)									
	张数																				
银行填写部分	日期： 金额：		日志号： 终端号：				交易码： 主管：				币种： 柜员：										

中国工商银行星城分行 大营支行 20x1-12-25 收讫 (1)

制票　　复核

（38）26日，收到本市光明公司支付的销售货款129 550元。

【记账依据：网银电子回单1张】

中国工商银行　网上银行电子回单

电子回单号码：ZZHK-000306737-5895　　打印日期：20X1 年 12 月 26 日

收款人	户　名	星城市莲新股份有限公司	付款人	户　名	星城市光明股份有限公司
	账　号	190602143258379		账　号	190604386792610
	开户银行	工行大营支行		开户银行	工行广云支行
金　额		¥129550.00	金额（大写）		人民币 壹拾贰万玖仟伍佰伍拾元整
摘　要		购货款	业务(产品)种类		结算业务
用　途					
交易流水号		20x112261903102	时间戳		20x1-12-26 11:50:55
中国工商银行 电子回单 专用章		备注： 附言：付19日甲产品50件、乙产品100件货款 验证码：xxxxxxxxx			
记账网点：1903		记账柜员：8		记账日期：20x1-12-26	

（39）26日，用银行存款支付本季度银行短期借款利息3 360元。（利息费用按月计提、按季支付）

【记账依据：银行贷款利息回单1张】

ICBC 中国工商银行　贷款利息回单

币种：人民币（本位币）　　20×1年12月26日　　单位：元

付款人	户名	星城市莲新股份有限公司	收款人	户名	中国工商银行大营支行
	账号	190602143258379		账号	（略）
收（付）金额		3 360.00	计息户账号		
借据编号		（略）	借据序号		
备注	起息日期	止息日期	积数/息余	利率	利息
	20×1年9月21日	20×1年12月20日	（略）	（略）	3 360.00
	调整利息：0.00		冲正利息：0.00		
	应收（付）利息合计：叁仟叁佰陆拾元整				

（印章：中国工商银行 星城分行大营支行 20×1-12-26 业务专用章）

银行章：　　　　经办人：

（40）29日，行政管理部门购买办公用品1 200元，直接交给各车间生产部门使用。

【记账依据：星城市文化用品公司发票（发票联）、银行转账支票存根各1张】

星城市商业零售企业统一发票

（印章：发票联 票据监制章）

№01423302

客户：星城市莲新股份有限公司　　20×1年12月29日

货号	品名	规格	单位	数量	单价	金额 百	十	元	角	分	备注
	打印纸	A3	箱	1	268	2	6	8	0	0	
	计算器		个	4	158	6	3	2	0	0	
	钢　笔		支	30	10	3	0	0	0	0	
合计金额（大写）	壹仟贰佰零拾零元零角零分					¥1 200.00					

（印章：星城市文化用品公司 财务专用章）

发票专用章（未盖章无效）　　开票人张立　　收款人陈浩

中国工商银行
转账支票存根
10204330
071244644
附加信息
出票日期 20×1年 12 月 29 日
收款人
星城市文化用品公司
金　额 ¥1200.00
用　途 购买办公用品
单位主管　　　会计

付 款 凭 证

贷方科目：银行存款　　　　20×1年 12 月 29 日　　　　付 第____号

摘　要	借方科目			金　额	记账（签章）
	总账科目	明细科目	三级科目		
购买办公用品	制造费用	办公费		1 200.00	
合　计				¥1 200.00	

附件2张

会计主管　　　　出纳 刘芳　　　　审核　　　　制单

（41）29日，归还前欠本市红星公司的材料款37 290元。

【记账依据：银行付款业务回单1张】

ICBC 中国工商银行　　**业务回单**（付款）

日期：20x1 年 12 月29 日　　回单编号：20x112291903126

付款人户名：星城市莲新股份有限公司　　付款人开户行：中国工商银行星城分行大营支行

付款人账号（卡号）：190602143258379

收款人户名：星城市红星股份有限公司　　收款人开户行：中国工商银行星城分行泰山支行

收款人账号（卡号）：190528113679452

金额：叁万柒仟贰佰玖拾元整　　小写：￥37290.00

业务（产品）种类：结算业务凭证　　凭证种类：　　凭证号码：

摘要：购买材料款　　用途：　　币种：人民币

交易机构：1903000205　记账柜员：　　交易代码：　　渠道：柜面

产品名称：　　费用名称：

应收金额：　　实收金额：　　收费渠道：

中国工商银行
星城分行大营支行
20x1-12-29
业务专用章

打印日期：20x1 年 12 月 29 日　　打印柜员：8　　验证码：xxxx

付 款 凭 证

贷方科目：银行存款　　20×1 年 12 月 29 日　　付 第＿＿号

摘要	借方科目			金额	记账（签章）
	总账科目	明细科目	三级科目		
购买材料款	应付账款	红星公司		38 000.00	
合计				¥38 000.00	

附件 1 张

会计主管　　出纳 刘芳　　审核　　制单

（42）30日，供销科张春宏出差借差旅费，支付现金2 000元。

【记账依据：借款单1张】

星城市莲新股份有限公司

借 款 单

部门/科室：供销科　　　　20×1年12月30日

姓　名	张春宏	出差地点	深圳	预计天数	2天
出差事由	采购材料				
借款金额	（人民币大写）贰仟元整　　¥ 2 000.00				
单位负责人签章		借款人签章 张春宏		备注： 1.凡借用单位公款必须使用本单 2.财务记账联必须由借款人和单位负责人签章 3.出差返回后三日内结算	

财务记账联

会计主管　　　　会计　　　　经办

付 款 凭 证

贷方科目：库存现金　　　　20×1年12月30日　　　　付　第　号

摘　要	借方科目			金　额	记账（签章）
	总账科目	明细科目	三级科目		
张春宏借差旅费	其他应收款	张春宏		3 000.00	
合计				¥3 000.00	

附件1张

会计主管　　　　出纳 刘芳　　　　审核　　　　制单

（43）30日，开出转账支票支付星城市电视台产品广告费6 000元。

【记账依据：电视台开具的发票、银行付款业务回单各1张】

湖南省星城市广告业专用发票

№21400602

星城市财政局 票据监制章 发票联

客户：星城市莲新股份有限公司　　　　20×1年12月30日

货号	品名	单位	数量	单价	金额 万	千	百	十	元	角	分	备注
	广告费					5	0	0	0	0	0	
合计金额（大写）	⊗万陆仟零佰零拾零元零角零分				¥6 000.00							

发票专用章（未盖章无效）：　　开票人：张立　　收款人：陈浩

星城市电视台 发票专用章

ICBC 中国工商银行　　**业务回单**（付款）

日期：20x1年12月30日　　回单编号：20x112301903146

付款人户名：星城市莲新股份有限公司　　付款人开户行：中国工商银行星城分行大营支行

付款人账号（卡号）：190602143258379

收款人户名：星城市电视台　　收款人开户行：中国工商银行星城分行芙蓉支行

收款人账号（卡号）：190328152136794

金额：陆仟元整　　小写：¥6000.00

业务（产品）种类：结算业务凭证　　凭证种类：　　凭证号码：

摘要：广告费　　用途：　　币种：人民币

交易机构：1903000205　记账柜员：　交易代码：　渠道：柜面

产品名称：　　费用名称：

应收金额：　　实收金额：　　收费渠道：

中国工商银行 星城分行大营支行 20x1-12-30 业务专用章

打印日期：20x1年12月30日　　打印柜员：8　　验证码：xxxx

付款凭证

贷方科目：银行存款　　20×1年12月30日　　付　第____号

摘要	借方科目			金额	记账（签章）
	总账科目	明细科目	三级科目		
支付电视台广告费	销售费用	广告费		6 000.00	
合计				¥6 000.00	

附件2张

会计主管　　出纳 刘芳　　审核　　制单

（44）30日，开出转账支票支付下一年度财产保险费9 600元。

【记账依据：保险费发票一张、银行付款业务回单各1张】

中国平安保险股份有限公司星城市分公司

Ping An Insurance Company Of China Xingcheng Branch

保险业专用发票

INSURANCE TRADE INVOICE

发票联

INVOICE

代码：43010122608

No 43013199

开票日期：20×1年12月30日

Date of Issue

付款人：Payer　星城市莲新股份有限公司

承保险种：Coverage　财产损失保险

保险单号：Bolicy No.　PA201543039401000466　　批单号：End No.　1003126

保险费金额：人民币（大写）Premium Amount：RMB（In Words）　玖仟陆佰元整　　（小写）（In Figures）　9 600.00

备注：marks

第二联　被保险人留存

经手人：　　复核：　　保险公司签章：发票专用章

地址：　　电话：

ICBC 中国工商银行 **业务回单（付款）**

日期：20x1 年 12 月30 日 回单编号：20x112301903083

付款人户名：星城市莲新股份有限公司 付款人开户行：中国工商银行星城分行大营支行

付款人账号（卡号）：190602143258379

收款人户名：中国平安保险股份有限公司星城分公司 收款人开户行：中国工商银行星城分行湘江支行

收款人账号（卡号）：190310562367942

金额：玖仟陆佰元整 小写：¥9600.00

业务（产品）种类：结算业务凭证 凭证种类： 凭证号码：

摘要：财产保险费 用途： 币种：人民币

交易机构：1903000205 记账柜员： 交易代码： 渠道：柜面

产品名称： 费用名称：

应收金额： 实收金额： 收费渠道：

（印章：中国工商银行 星城分行大营支行 20x1-12-30 业务专用章）

打印日期： 20x1 年 12 月30 日 打印柜员：8 验证码：xxxx

付 款 凭 证

贷方科目：银行存款 20×1 年 12 月 30 日 付 第____号

摘要	借方科目			金额	记账（签章）
	总账科目	明细科目	三级科目		
支付 20×2 年财产保险费	预付账款	财产保险费		9 600.00	
合计				¥9 600.00	

附件 2 张

会计主管 出纳 刘芳 审核 制单

（45）31日，采购员张春宏出差归来报销差旅费，余款590元交回现金。

【记账依据：公司内部收据、差旅费报销单各1张】

收 据

20×1年12月31日 第 12 号

今收到 张春宏交回多余借款									
人民币（大写）：伍佰玖拾元整	十	万	千	百	十	元	角	分	第三联 存根
			¥	5	9	0	0	0	
事由：业务员预借差旅费余额交现金 现金收讫	现金								
	支票 号								
收款单位		财务负责人		收款人	刘芳				

差旅费报销单

单位名称：供销科 填报日期20×1年12月31日 单位：元

姓名	张春宏	职级			出差事由	采购	出差时间	计划 2 天；实际 2 天		备注
日期		起止地点		飞机、车、船票		其他费用				
月	日	起	止	类别	金额	项目	标准	计算天数	核报金额	
12	30	星城	深圳	火车	354	住宿费	350	1	350	
12	31	深圳	星城	火车	346	伙食补助费	80	2	160	
						车船补助费	100	2	200	
						其他杂支				
小计					700	小计			710	
总计金额（大写）	⊗万壹仟肆佰壹拾零元零角零分					预支 2 000 核销 1 410 退补 590				

主管 部门 审核 填报人 张春宏

收 款 凭 证

借方科目：库存现金　　20×1 年 12 月 31 日　　收 字第____号

摘　要	贷方科目			金　额	记账（签章）
	总账科目	明细科目	三级科目		
张春宏交回差旅费余款	其他应收款	张春宏		590.00	
合　计				¥590.00	

附件 1 张

会计主管　　出纳 刘芳　　审核　　制单

转 账 凭 证

20×1 年 12 月 31 日　　转 字第____号

摘　要	会计科目			借方金额	贷方金额	账页或√
	总账科目	明细科目	三级科目			
张春宏报差旅费	销售费用	差旅费		1 410.00		
	其他应收款	张春宏			1 410.00	
合　计				¥1 410.00	¥1 410.00	

附件 1 张

会计主管　　审核　　制单

（46）31日，分配本月工资：生产甲产品工人工资65 700元，生产乙产品工人工资52 900元，加工车间管理人员工资6 150元，厂部管理人员工资12 320元。

【记账依据：工资费用分配表1张】

工资费用分配表

20×1年12月31日　　　　金额单位：元

借方科目		贷方科目——应付职工薪酬			
		加工车间	装配车间	管理部门	合计
生产成本	甲产品	54 700.00	11 000.00		65 700.00
	乙产品	43 200.00	9 700.00		52 900.00
制造费用		4 100.00	2 050.00		6 150.00
管理费用				12 320.00	12 320.00
合计		102 000.00	22 750.00	12 320.00	137 070.00

主管：　　　　审核：　　　　制表：

转账凭证

20×1年12月31日　　　　转字第____号

摘要	会计科目			借方金额	贷方金额	账页或√
	总账科目	明细科目	三级科目			
分配本月工资费用	生产成本	甲产品		65 700.00		
	生产成本	乙产品		52 900.00		
	制造费用	工资		6 150.00		
	管理费用	工资		12 320.00		
	应付职工薪酬	职工工资			137 070.00	
合计						

附件1张

会计主管　　　　审核　　　　制单

（47）31日，上月购进的2台机床设备安装完毕，交付加工车间使用。

【记账依据：固定资产验收单1张】

固定资产验收单

供货单位：科达机电公司　　　　编号：

发票号码：00085694　　　　20×1年12月31日

<table>
<tr><td rowspan="2">名　称</td><td rowspan="2">规格</td><td rowspan="2">计量单位</td><td rowspan="2">数　量</td><td colspan="4">实际价格</td><td rowspan="2">备注</td></tr>
<tr><td>发票金额</td><td>运杂费用</td><td>安装费用</td><td>合 计</td></tr>
<tr><td>机床</td><td></td><td>台</td><td>2</td><td>175 500</td><td>1 500</td><td>3 000</td><td>180 000</td><td></td></tr>
<tr><td></td><td></td><td></td><td></td><td></td><td></td><td></td><td></td><td></td></tr>
<tr><td rowspan="2">质量检验记录</td><td>制造日期</td><td colspan="2">合格证号</td><td>技术条件</td><td colspan="2">质量状况</td><td colspan="2">检查结论</td></tr>
<tr><td>20×1.10</td><td colspan="2">100112</td><td>合格</td><td colspan="2">优良</td><td colspan="2">同意交付使用</td></tr>
</table>

采购员：　　　　检验员：　　　　记账员：张林

转　账　凭　证

20×1年12月31日　　　　转 字第＿＿号

<table>
<tr><td rowspan="2">摘　要</td><td colspan="3">会　计　科　目</td><td rowspan="2">借方金额</td><td rowspan="2">贷方金额</td><td rowspan="2">账页或√</td></tr>
<tr><td>总账科目</td><td>明细科目</td><td>三级科目</td></tr>
<tr><td>机床验收交付使用</td><td>固定资产</td><td>生产用机器设备</td><td></td><td>180 000.00</td><td></td><td></td></tr>
<tr><td></td><td>在建工程</td><td></td><td></td><td></td><td>180 000.00</td><td></td></tr>
<tr><td></td><td></td><td></td><td></td><td></td><td></td><td></td></tr>
<tr><td></td><td></td><td></td><td></td><td></td><td></td><td></td></tr>
<tr><td></td><td></td><td></td><td></td><td></td><td></td><td></td></tr>
<tr><td></td><td></td><td></td><td></td><td></td><td></td><td></td></tr>
<tr><td colspan="4">合　　计</td><td>¥180 000.00</td><td>¥180 000.00</td><td></td></tr>
</table>

附件1张

会计主管　　　　审核　　　　制单

（48）31日，计提本月固定资产折旧费13 000元，其中：车间11 000元，厂部2 000元。

【记账依据：固定资产折旧计算表1张】

固定资产折旧计算表

20×1年12月31日　　　　单位：元

项　目	固定资产类别	固定资产月初原值	月折旧率	月折旧额
基本生产车间	房　屋	2 000 000	0.3%	6 000
	机器设备	1 000 000	0.5%	5 000
行政管理部门	房　屋	400 000	0.3%	1 200
	机器设备	100 000	0.8%	800
合　计	—	3 500 000	—	13 000

会计主管：　　　　记账：张林　　　　制表：王利

（49）31日，支付本月电费11 300元，其中，生产甲产品用电5 000元，生产乙产品用电3 000元，车间照明用电1 000元，行政管理部门照明用电1 000元，增值税1 300元。

【记账依据：银行付款业务回单、增值税专用发票“发票联”、增值税专用发票“抵扣联”、电费分配表各1张】

ICBC 中国工商银行　　业务回单（付款）

日期：20x1 年 12 月31 日　　回单编号：20x112311903094

付款人户名：星城市莲新股份有限公司　　付款人开户行：中国工商银行星城分行大营支行

付款人账号（卡号）：190602143258379

收款人户名：星城市电力有限公司　　收款人开户行：中国工商银行星城分行电力支行

收款人账号（卡号）：052457861466389

金额：壹万壹仟叁佰元整　　小写：¥11300.00

业务（产品）种类：结算业务凭证　　凭证种类：　　凭证号码：

摘要：电费　　用途：　　币种：人民币

交易机构：1903000205　记账柜员：　　交易代码：　　渠道：柜面

产品名称：　　费用名称：

应收金额：　　实收金额：　　收费渠道：

中国工商银行
星城分行大营支行
20x1-12-31
业务专用章

打印日期：20x1 年 12 月31 日　　打印柜员：8　　验证码：xxxx

湖南增值税专用发票

发票联

（全国统一发票监制章 湖南 国家税务总局监制）

43000204521 №00017654

开票日期：20×1年12月31日

购买方	名　　称：星城市莲新股份有限公司 纳税人识别号：110102630101234618 地 址 、电 话：星城市营盘路29号35278180 开户行及账号：工行大营支行190602143258379	密码区	（略）

货物或应税劳务、服务名称	规格型号	单位	数量	单价	金　额	税率	税　额
电		度	12 500	0.80	10 000.00	13%	1 300.00
合计					¥10 000.00		¥1 300.00
价税合计（大写）	⊗壹万壹仟叁佰元整				（小写）¥11 300.00		

销售方	名　　称：星城市电力有限公司 纳税人识别号：430135543554785127 地 址 、电 话：星城市建设路87号35217000 开户行及账号：建行建设路支行052457861465389	备注	（星城市电力有限公司 430135543554785127 电费结算章）

收款人：　　复核：　　开票人：李立　　销售方：（章）

第三联 发票联 购买方记账凭证

湖南增值税专用发票

抵扣联

（全国统一发票监制章 湖南 国家税务总局监制）

43000204521 №00017654

开票日期：20×1年12月31日

购买方	名　　称：星城市莲新股份有限公司 纳税人识别号：110102630101234618 地 址 、电 话：星城市营盘路29号35278180 开户行及账号：工行大营支行190602143258379	密码区	（略）

货物或应税劳务、服务名称	规格型号	单位	数量	单价	金　额	税率	税　额
电		度	12 500	0.80	10 000.00	13%	1 300.00
合计					¥10 000.00		¥1 300.00
价税合计（大写）	⊗壹万壹仟叁佰元整				（小写）¥113 00.00		

销售方	名　　称：星城市电力有限公司 纳税人识别号：430135543554785127 地 址 、电 话：星城市建设路87号35217000 开户行及账号：建行建设路支行052457861465389	备注	（星城市电力有限公司 430135543554785127 电费结算章）

收款人：　　复核：　　开票人：李立　　销售方：（章）

第二联 抵扣联 购买方抵扣凭证

电费分配表

20×1年12月31日　　金额单位：元

借方科目		贷方科目——银行存款				
		生产车间	车间照明	行政管理部门	增值税	合计
生产成本	甲产品	5 000.00				5 000.00
	乙产品	3 000.00				3 000.00
制造费用			1 000.00			1 000.00
管理费用				1 000.00		1 000.00
应交增值税					1 300.00	1 300.00
合计		8 000.00	1 000.00	1 000.00	1 300.00	11 300.00

主管：　　审核：　　制表：

（50）31日，根据实训一的限额领料单，计算并结转本月实际耗用的C材料。

【记账依据：C材料限额领料单1张】

（51）31日，按实际工时分配制造费用，其中：甲产品1 800小时，乙产品1 200小时。

【记账依据：根据生产工时计算的制造费用分配表1张】

制造费用分配表

20×1年12月31日　　单位：元

分配对象	分配标准（工时）	分配率	分配金额
甲产品	1 800		12 025.80
乙产品	1 200		8 017.20
合　　计	3 000	6.681	20 043.00

会计主管：　　记账：　　制表：

（52）31日，计算本月完工甲、乙产品的成本。本月完工甲产品378件、乙产品436件。甲、乙产品月末在产品全部为直接材料，其余额分别为2 225.80元、5 677.20元。

完工产品成本计算单

20×1年12月31日　　单位：元

成本项目	甲产品（产量378件）		乙产品（产量436件）	
	总成本	单位成本	总成本	单位成本
直接材料	300 274.20		87 322.80	
直接人工	65 700.00		52 900.00	
制造费用	12 025.80		8 017.20	
合计	378 000.00	1 000	148 240.00	340

会计主管：　　记账：　　制表：

（53）31日，结转本月已销售甲、乙产品的成本。

已销产品成本计算表

20×1年12月31日

单位：元

产品名称	计量单位	月初结存		本月入库		本月销售		期末结存	
		数量	总成本	数量	总成本	数量	总成本	数量	总成本
甲产品	件								
乙产品	件								
合计									

会计主管： 记账： 制表：

（54）31日，根据本期应交增值税计提应交的城市维护建设税和教育费附加。

（55）31日，分别结转各收入、成本、费用等损益类账户余额至“本年利润”账户。

（56）31日，计算本月应交所得税（所得税税率：25%），并结转至“本年利润”账户。

实训三　登记会计账簿

一、实训目的

（1）根据账簿登记的要求，将实训一和实训二中已审核无误的会计凭证，分别登记库存现金日记账、银行存款日记账，三栏式明细账、多栏式明细账、数量金额式明细账和总分类账。

（2）在月末对已登记的账簿作结账处理。

二、实训指导

（一）《会计基础工作规范》（2019年修订）中对会计账簿登记的相关要求

……

第五十六条　各单位应当按照国家统一会计制度的规定和会计业务的需要设置会计账簿。会计账簿包括总账、明细账、日记账和其他辅助性账簿。

第五十七条　现金日记账和银行存款日记账必须采用订本式账簿。不得用银行对账单或者其他方法代替日记账。

……

第五十九条　启用会计账簿时，应当在账簿封面上写明单位名称和账簿名称。在账簿扉页上应当附启用表，内容包括：启用日期、账簿页数、记账人员和会计机构负责人、会计主管人员姓名，并加盖名章和单位公章。记账人员或者会计机构负责人、会计主管人员调动工作时，应当注明交接日期、接办人员或者监交人员姓名，并由交接双方人员签名或者盖章。

启用订本式账簿，应当从第一页到最后一页顺序编定页数，不得跳页、缺号。使用活页式账页，应当按账户顺序编号，并须定期装订成册。装订后再按实际使用的账页顺序编定页码。另加目录，记明每个账户的名称和页次。

第六十条　会计人员应当根据审核无误的会计凭证登记会计账簿。登记账簿的基本要求是：

（一）登记会计账簿时，应当将会计凭证日期、编号、业务内容摘要、金额和其他有关资料逐项记入账内，做到数字准确、摘要清楚、登记及时、字迹工整。

（二）登记完毕后，要在记账凭证上签名或者盖章，并注明已经登账的符号，表示已经记账。

（三）账簿中书写的文字和数字上面要留有适当空格，不要写满格；一般应占格距的二分之一。

（四）登记账簿要用蓝黑墨水或者碳素墨水书写，不得使用圆珠笔（银行的复写账簿除外）或者铅笔书写。

（五）下列情况，可以用红色墨水记账：

1.按照红字冲账的记账凭证，冲销错误记录；

2.在不设借贷等栏的多栏式账页中，登记减少数；

3.在三栏式账户的余额栏前，如未印明余额方向的，在余额栏内登记负数余额；

4.根据国家统一会计制度的规定可以用红字登记的其他会计记录。

（六）各种账簿按页次顺序连续登记，不得跳行、隔页。如果发生跳行、隔页，应当将空行、空页划线注销，或者注明“此行空白”、“此页空白”字样，并由记账人员签名或者盖章。

（七）凡需要结出余额的账户，结出余额后，应当在“借或贷”等栏内写明“借”或者“贷”等字样。没有余额的账户，应当在“借或贷”等栏内写“平”字，并在余额栏内用“θ”表示。

现金日记账和银行存款日记账必须逐日结出余额。

（八）每一账页登记完毕结转下页时，应当结出本页合计数及余额，写在本页最后一行和下页第一行有关栏内，并在摘要栏内注明“过次页”和“承前页”字样；也可以将本页合计数及金额只写在下页第一行有关栏内，并在摘要栏内注明“承前页”字样。

对需要结计本月发生额的账户，结计“过次页”的本页合计数应当为自本月初起至本页末止的发生额合计数；对需要结计本年累计发生额的账户，结计“过次页”的本页合计数应当为自年初起至本页末止的累计数；对既不需要结计本月发生额也不需要结计本年累计发生额的账户，可以只将每页末的余额结转次页。

第六十一条　账簿记录发生错误，不准涂改、挖补、刮擦或者用药水消除字迹，不准重新抄写，必须按照下列方法进行更正：

（一）登记账簿时发生错误，应当将错误的文字或者数字划红线注销，但必须使原有字迹仍可辨认；然后在划线上方填写正确的文字或者数字，并由记账人员在更正处盖章。对于错误的数字，应当全部划红线更正，不得只更正其中的错误数字。对于文字错误，可只划去错误的部分。

（二）由于记账凭证错误而使账簿记录发生错误，应当按更正的记账凭证登记账簿。

第六十二条　各单位应当定期对会计账簿记录的有关数字与库存实物、货币资金、有价证券、往来单位或者个人等进行相互核对，保证账证相符、账账相符、账实相符。对账工作每年至少进行一次。

（一）账证核对。核对会计账簿记录与原始凭证、记账凭证的时间、凭证字号、内容、金额是否一致，记账方向是否相符。

（二）账账核对。核对不同会计账簿之间的账簿记录是否相符，包括：总账有关账户的余额核对，总账与明细账核对，总账与日记账核对，会计部门的财产物资明细账与财产物资保管和使用部门的有关明细账核对等。

（三）账实核对。核对会计账簿记录与财产等实有数额是否相符。包括：现金日记账账面余额与现金实际库存数相核对；银行存款日记账账面余额定期与银行对账单相核对；各种财物明细账账面余额与财物实存数额相核对；各种应收、应付款明细账账面余额与有

关债务、债权单位或者个人核对等。

第六十三条 各单位应当按照规定定期结账。

（一）结账前，必须将本期内所发生的各项经济业务全部登记入账。

（二）结账时，应当结出每个账户的期末余额。需要结出当月发生额的，应当在摘要栏内注明“本月合计”字样，并在下面通栏划单红线。需要结出本年累计发生额的，应当在摘要栏内注明“本年累计”字样，并在下面通栏划单红线；12月末的“本年累计”就是全年累计发生额。全年累计发生额下面应当通栏划双红线。年度终了结账时，所有总账账户都应当结出全年发生额和年末余额。

（三）年度终了，要把各账户的余额结转到下一会计年度，并在摘要栏注明“结转下年”字样；在下一会计年度新建有关会计账簿的第一行余额栏内填写上年结转的余额，并在摘要栏注明“上年结转”字样。

……

（二）实训步骤

1. 设置并登记三栏式库存现金日记账和银行存款日记账。

2. 设置并登记三栏式明细账。

3. 设置并登记多栏式明细账。

4. 设置并登记数量金额式明细账。

本次实训登记只是对模拟企业12月份的账务进行会计处理，为了让操作者充分体验建账的过程，要求操作者按新年开新账的要求进行账簿的开设和登记。

5. 对所有登记的会计账簿进行月末结账。

全月只发生一笔业务的账户，不结计本月合计数，只要在这一笔业务下划一条通栏单红线，以示与下月业务分开。年结时，则要划通栏双红线。

库存现金日记账和银行存款日记账都必须日清月结，月末都要结出本月合计和本年累计。

（三）图示举例

【登账示例】

应收账款 明细账

总第 2 页

分第 1 页

子目、户名 光明公司

经济业务发生的会计年度

更换账页时为“承前页”

20×1年		凭证		摘要	借方	√	贷方	√	借或贷	余额	√
月	日	字	号								
12	1			期初余额/上年结转					借	25 000.00	
12	1	收		收到前欠的货款			16 000.00		借	9 000.00	
				过次页							

期初余额直接登入余额栏

月初至本页最后一笔发生额的合计

若本月发生额刚好在上一行截止，则本行直接写“本月合计”

【月末结账示例】

总第 20 页
分第 1 页

应付职工薪酬 明细账

子目、户名 职工工资

20×1年		凭证		摘要	借方	√	贷方	√	借或贷	余额	√
月	日	字	号								
12	22	付		支付本月工资	101 431.80						
12	24	付		支付代扣保险费	35 638.20						
12	31	转		分配本月工资费用			137 070.00				
				本月合计	137 070.00		137 070.00		平	0	
				本年累计							

本会计期间最后一笔业务

月结线

通栏双红线为年结线，以示封账

三、实训资料

（一）实训一、实训二所给出的全部经济业务

（二）损益类账户20×1年1—11月发生额累计

损益类账户20×1年1—11月发生额累计

单位：元

会计科目	发生额累计	会计科目	发生额累计
主营业务收入	4 328 990.00	主营业务成本	3 250 814.00
其中：甲产品	2 597 394.00	其中：甲产品	1 950 488.40
乙产品	1 731 596.00	乙产品	1 300 325.60
其他业务收入	52 000.00	其他业务支出	26 000.00
税金及附加	12 864.00	营业外收入	9 400.00
管理费用	376 022.00	营业外支出	6 200.00
销售费用	116 350.00	所得税费用	146 735.00
财务费用	15 200.00		

（三）各会计账户20×1年11月末余额

各会计账户20×1年11月末余额

单位：元

会计科目	11月末余额	会计科目	11月末余额
库存现金	1 967.00	短期借款	60 000.00
银行存款	439 938.00	应付账款	70 450.00
应收账款	134 600 00	其中：红星公司	50 000.00
其中：光明公司	86 000.00	吉安公司	20 450.00
耀华公司	48 600.00	应付利息	2 240.00
原材料	368 000.00	实收资本	4 000 000.00
库存商品	133 065.00	资本公积	50 000.00
在建工程	400 000.00	盈余公积	150 000.00
固定资产	3 500 000.00	利润分配（未分配利润）	350 000.00
累计折旧	475 000.00	本年利润	440 205.00
无形资产	650 000.00		
累计摊销	29 675.00		

（四）莲新公司20×1年12月1日原材料及库存商品明细

莲新公司20×1年12月1日原材料及库存商品明细

项目名称		数量（千克）	单价（元）	金额（元）
原材料	A材料	1 800	90	162 000.00
	B材料	2 200	75	165 000.00
	C材料	2 000	20	40 000.00
	润滑油	50	20	1 000.00
	合 计			368 000.00
库存商品	甲产品	65	1 001	65 065.00
	乙产品	200	340	68 000.00
	合 计			133 065.00

（五）莲新公司20×1年12月1日非流动资产明细

莲新公司20×1年12月1日非流动资产明细

单位：元

会计科目	项目类别		月初余额
固定资产	基本生产车间	房 屋	2 000 000.00
		机器设备	1 000 000.00
	行政管理部门	房 屋	400 000.00
		机器设备	100 000.00
在建工程	机床		180 000.00
	厂房		220 000.00
无形资产	专利权		650 000.00

四、实训用有关账簿格式

库存现金日记账

第______页

20×1年		凭证		对应科目	摘要	借方	贷方	余额
月	日	字	号					
12	1				期初余额			1 967.00

银行存款日记账

第______页

20×1年		凭证		银行凭证		摘要	借方	贷方	余额
月	日	字	号	名称	号数				
12	1					期初余额			439 938.00

总第______页

分第______页

应收账款明细账

子目、户名 光明公司

20×1年		凭证		摘要	借方	√	贷方	√	借或贷	余额	√
月	日	字	号								
12	1			期初余额					借	86 000.00	

总第________页

应收账款明细账

分第________页

子目、户名 耀华公司

20×1年		凭证		摘要	借方	√	贷方	√	借或贷	余额	√
月	日	字	号								
12	1			期初余额					借	48 600.00	

总第________页

应付账款明细账

分第________页

子目、户名 红星公司

20×1年		凭证		摘要	借方	√	贷方	√	借或贷	余额	√
月	日	字	号								
12	1			期初余额					贷	50 000.00	

总第____页

应付账款明细账

分第____页

子目、户名 吉安公司

20×1年		凭证		摘要	借方	√	贷方	√	借或贷	余额	√
月	日	字	号								
12	1			期初余额					贷	20 450.00	

总第____页

原材料明细账

类别____ 分第____页

名称 A材料 计量单位 kg 规格____ 编号____

20×1年		凭证		摘要	借方			贷方			余额		
月	日	字	号		数量	单价	金额	数量	单价	金额	数量	单价	金额
12	1			期初余额							1 800	90	162 000.00

总第____页

类别____ **原材料 明细账** 分第____页

名称 B材料 计量单位 kg 规格____ 编号____

20×1年		凭证		摘要	借方			贷方			余额		
月	日	字	号		数量	单价	金额	数量	单价	金额	数量	单价	金额
12	1			期初余额							2 200	75	165 000.00

总第____页

类别____ **库存商品 明细账** 分第____页

名称 甲产品 计量单位 件 规格____ 编号____

20×1年		凭证		摘要	借方			贷方			余额		
月	日	字	号		数量	单价	金额	数量	单价	金额	数量	单价	金额
12	1			期初余额							65	1 001	65 065.00

总第______页

类别______

库存商品 明细账

分第______页

名称 乙产品　　计量单位 件　　规格______　　编号______

20×1年		凭证		摘要	借方			贷方			余额		
月	日	字	号		数量	单价	金额	数量	单价	金额	数量	单价	金额
12	1			期初余额							200	340	68 000

总第______页

分第______页

子目、户名______

类别______

管理费用 明细账

20×1年		凭证		摘要	借方	√	贷方	√	借或贷	余额	√	（借）方明细分析								
月	日	字	号									办公费	差旅费	电话费	折旧费					其他
12	4	付	3	购买办公用品	830				借	830		830								

实训四　编制科目汇总表和试算平衡表

一、实训目的

本次实训采用科目汇总表的核算组织形式，要求操作者能准确编制科目汇总表，登记总分类账，再进行试算平衡。

二、实训要求

1. 编制12月份的科目汇总表，填列在所附的表格中。
2. 编制12月份的试算平衡表，填列在所附的表格中。

三、实训资料

根据实训一、实训二所填制的记账凭证编制科目汇总表，登记总分类账，再进行试算平衡。

四、实训用汇总表

科目汇总表

20×1年12月

会计科目	本期发生额			
	借方金额	账页（√）	贷方金额	账页（√）
合计				

总第______页

总 分 类 账

分第______页

会计科目 库存现金

20×1年		凭证		摘要	借方	√	贷方	√	借或贷	余额	√
月	日	字	号								
12				期初余额					借	1 967.00	
12	31	科汇	1	本期发生							
				本月合计							

总第______页

总 分 类 账

分第______页

会计科目 应收账款

20×1年		凭证		摘要	借方	√	贷方	√	借或贷	余额	√
月	日	字	号								
12				期初余额					借	134 600.00	
12	31	科汇	1	本期发生							
				本月合计							

20×1年12月试算平衡表

单位：元

会计科目	期初余额		本月发生额		期末余额	
	借	贷	借	贷	借	贷
库存现金	1 967.00					
银行存款	439 938.00					
应收账款	134 600.00					
预付账款						
其他应收款						
原材料	368 000.00					
库存商品	133 065.00					
在建工程	400 000.00					
固定资产	3 500 000.00					
累计折旧		475 000.00				
无形资产	650 000.00					
累计摊销		29 675.00				
短期借款		60 000.00				
应付账款		70 450.00				
应付职工薪酬						
应交税费						
应付利息		2 240.00				
应付股利						
其他应付款						
实收资本		4 000 000.00				
资本公积		50 000.00				
盈余公积		150 000.00				
利润分配(未分配利润)		350 000.00				
本年利润		440 205.00				
生产成本						
制造费用						
主营业务收入						
其他业务收入						
主营业务成本						
其他业务成本						
税金及附加						
管理费用						
销售费用						
财务费用						
营业外收入						
营业外支出						
所得税费用						
合计	5 627 570.00	5 627 570.00				

实训五　编制会计报表

一、实训目的

掌握资产负债表和利润表的编制方法。

二、实训指导

（一）《会计基础工作规范》（2019年修订）中对编制会计报表的相关要求

……

第六十四条　各单位必须按照国家统一会计制度的规定，定期编制财务报告。

财务报告包括会计报表及其说明。会计报表包括会计报表主表、会计报表附表、会计报表附注。

第六十五条　各单位对外报送的财务报告应当根据国家统一会计制度规定的格式和要求编制。

……

第六十六条　会计报表应当根据登记完整、核对无误的会计账簿记录和其他有关资料编制，做到数字真实、计算准确、内容完整、说明清楚。

任何人不得篡改或者授意、指使、强令他人篡改会计报表的有关数字。

第六十七条　会计报表之间、会计报表各项目之间，凡有对应关系的数字，应当相互一致。本期会计报表与上期会计报表之间有关的数字应当相互衔接。如果不同会计年度会计报表中各项目的内容和核算方法有变更的，应当在年度会计报表中加以说明。

第六十八条　各单位应当按照国家统一会计制度的规定认真编写会计报表附注及其说明，做到项目齐全，内容完整。

第六十九条　各单位应当按照国家规定的期限对外报送财务报告。

对外报送的财务报告，应当依次编写页码，加具封面，装订成册，加盖公章。封面上应当注明：单位名称，单位地址，财务报告所属年度、季度、月度，送出日期，并由单位领导人、总会计师、会计机构负责人、会计主管人员签名或者盖章。

单位领导人对财务报告的合法性、真实性负法律责任。

第七十条　根据法律和国家有关规定应当对财务报告进行审计的，财务报告编制单位应当先行委托注册会计师进行审计，并将注册会计师出具的审计报告随同财务报告按照规定的期限报送有关部门。

第七十一条　如果发现对外报送的财务报告有错误，应当及时办理更正手续。除更正本单位留存的财务报告外，并应同时通知接受财务报告的单位更正。错误较多的，应当重新编报。

……

（二）实训步骤

1. 编制会计报表时，应先搜集、准备、整理有关资料，并对这些资料进行认真的审核，以保证资料的真实可靠。

2. 按照规定的表格形式和项目内容逐项填写。

（1）表首部分，要填明企业的名称、编报日期和计量单位等。

（2）表中各项数字根据实训一至实训四的相关凭证及账表资料计算填列。

（3）项目填写完毕后，应计算出余额。

三、实训资料

根据实训一至实训四的相关凭证及账表资料编制莲新公司20×1年12月份的资产负债表和利润表。

资产负债表

会企01表

编制单位：　　　　年　　月　　日　　　　单位：

资　　产	期末余额	上年年末余额	负债和所有者权益（或股东权益）	期末余额	上年年末余额
流动资产：			流动负债：		
货币资金			短期借款		
交易性金融资产			交易性金融负债		
衍生金融资产			衍生金融负债		
应收票据			应付票据		
应收账款			应付账款		
应收款项融资			预收款项		
预付款项			合同负债		
其他应收款			应付职工薪酬		
存货			应交税费		
合同资产			其他应付款		
持有待售资产			持有待售负债		
一年内到期非流动资产			一年内到期的非流动负债		
其他流动资产			其他流动负债		
流动资产合计			流动负债合计		
非流动资产：			非流动负债：		
债权投资			长期借款		
其他债权投资			应付债券		
长期应收款			其中：优先股		
长期股权投资			永续债		

续表

资　产	期末余额	上年年末余额	负债和所有者权益（或股东权益）	期末余额	上年年末余额
其他权益工具投资			租赁负债		
其他非流动金融资产			长期应付款		
投资性房地产			预计负债		
固定资产			递延收益		
在建工程			递延所得税负债		
生产性生物资产			其他非流动负债		
油气资产			非流动负债合计		
使用权资产			负债合计		
无形资产			所有者权益（或股东权益）：		
开发支出			实收资本（或股本）		
商誉			其他权益工具		
长期待摊费用			其中：优先股		
递延所得税资产			永续债		
其他非流动资产			资本公积		
非流动资产合计			减：库存股		
			其他综合收益		
			专项储备		
			盈余公积		
			未分配利润		
			所有者权益（或股东权益）合计		
资产总计			负债及所有者权益（或股东权益）总计		

利润表

会企02表

编制单位：　　　　年　　月　　　　单位：

项　　目	本期金额	上期金额
一、营业收入		
减：营业成本		
税金及附加		
销售费用		
管理费用		
研发费用		
财务费用		
加：其他收益		
投资收益（损失以“-”号填列）		
其中：对联营企业和合营企业的投资收益		
以摊余成本计量的金融资产终止确认收益（损失以“-”号填列）		
净敞口套期收益（损失以“-”号填列）		
公允价值变动收益（损失以“-”号填列）		
信用减值损失（损失以“-”号填列）		
资产减值损失（损失以“-”号填列）		
资产处置收益（损失以“-”号填列）		
二、营业利润（亏损以“-”号填列）		
加：营业外收入		
减：营业外支出		
三、利润总额（亏损总额以“-”号填列）		
减：所得税费用		
四、净利润（净亏损以“-”号填列）		

第二部分

Excel处理会计业务

实训导读

传统手工处理会计业务，明显的不足是在会计核算过程中，若会计业务信息发生调整，需对业务处理流程各环节中的记账凭证、会计账簿、科目汇总表、会计报表等的相应之处同时调整，带来大量的工作量。对于初学者来说，手工处理会计业务面临的最大问题是对会计核算流程不够熟悉，在业务修正的过程中没有全局观念，容易导致修改遗漏，从而造成账务不平衡，需要花费大量的时间来检查纠错。因此，本部分借助Excel公式、数据透视表和分类汇总等基本功能实现表与表之间直观的联动来完成会计核算流程，只要在会计业务信息初始输入时调整，随后业务处理流程各环节中的记账凭证、会计账簿、科目汇总表、会计报表等的相应之处自动调整，感受业务变更的“牵一发而动全身”，对会计核算的基本逻辑有一个更加直观的了解，为后续会计学习培养良好的数据信息化处理意识。

Excel处理会计业务核算流程

这里以手工处理会计业务的实训一和实训二的经济业务为素材，通过建立多个表单，实现数据联动。一步一步地完成核算流程。

一、会计科目下载与初始表单建立

1.新建Execl工作簿并命名为“核算.xlsx”（自主命名即可），将sheet1重命名为“会计科目表”，从财政部网站直接下载会计科目表，复制粘贴，如图2-1所示。

	A	B	C
1	科目编码	科目名称	
2	1001	库存现金	
3	1002	银行存款	
4	1012	其他货币资金	
5	1101	交易性金融资产	
6	1121	应收票据	
7	1122	应收账款	
8	1123	预付账款	
9	1131	应收股利	
10	1132	应收利息	
11	1221	其他应收款	
12	1231	坏账准备	
13	1401	材料采购	
14	1403	原材料	
15	1404	材料成本差异	
16	5001	生产成本	
17	5101	制造费用	
18	1405	库存商品	
19	1411	周转材料	
20	1471	存货跌价准备	
21	1481	持有待售资产	
22	1482	持有待售资产减值准备	
23	1485	应收退货成本	
24	1501	债权投资	
25	1502	债权投资减值准备	
26	1503	其他债权投资	
27	1504	其他权益工具投资	
28	1511	长期股权投资	
29	1512	长期股权投资减值准备	
30	1521	投资性房地产	

会计科目表

图2-1 会计科目表

2. 根据基础资料，在新的工作表内整理出期初余额表，如图2-2所示。

科目编号	科目名称	明细科目	借或贷	期初余额
1001	库存现金		借	1967
1002	银行存款		借	439938
1122	应收账款	光明公司	借	86000
1122	应收账款	耀华公司	借	48600
1403	原材料	A材料	借	162000
1403	原材料	B材料	借	165000
1403	原材料	C材料	借	40000
1403	原材料	润滑油	借	1000
1406	库存商品	甲产品	借	65065
1406	库存商品	乙产品	借	68000
1604	在建工程	机床	借	180000
1604	在建工程	厂房	借	220000
1601	固定资产	房 屋	借	2000000
1601	固定资产	机器设备	借	1000000
1601	固定资产	房 屋	借	400000
1601	固定资产	机器设备	借	100000
1602	累计折旧		贷	475000
1701	无形资产	专利权	借	650000
1702	累计摊销		贷	29675
2001	短期借款		贷	60000
2202	应付账款	红星公司	贷	50000
2202	应付账款	吉安公司	贷	20450
2232	应付利息		贷	2240
4001	实收资本		贷	4000000
4002	资本公积		贷	50000
4101	盈余公积		贷	150000
4104	利润分配		贷	350000
4103	本年利润		贷	440205

会计科目表 期初

图2-2 期初余额表

3. 凭证库数据表的设置。按会计凭证格式内容设置表头，凭证库格式如图2-3所示，以便接下来将业务内容以会计分录的方式录入到凭证库中。

图2-3 凭证库1

为保证现金流量表主表的顺利编制，在现金业务录入时，对于现金流入和流出直接作出标识判断，增加一项“现金流方向”，同时，为保证每一笔业务后借贷方金额平衡，可以在表头增加一个平衡判断，在M1单元格录入公式“=IF（SUM（J：J）=SUM（K：K），""，"借贷不平"）”。增加项目后的表格如图2-4所示。

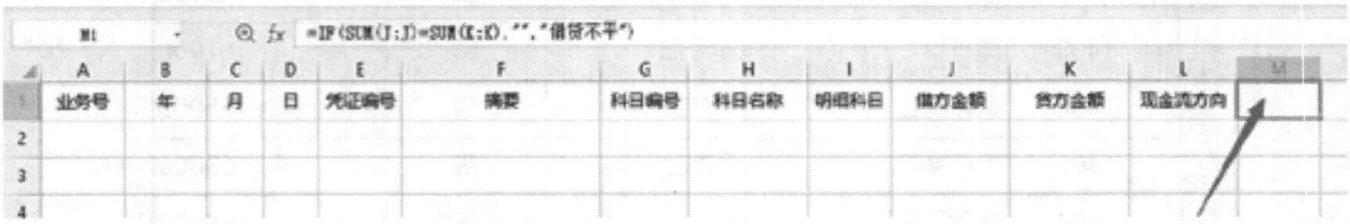

图2-4 凭证库2

为突出提示，可以在“开始→条件格式”中设置颜色显示，如图2-5和图2-6所示。

图2-5 条件格式设置1

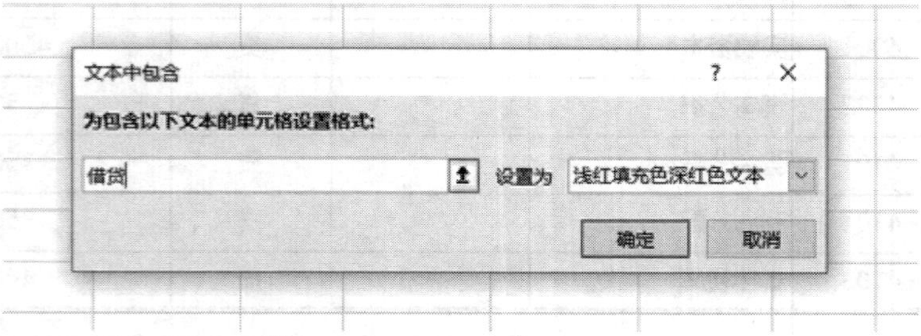

图2-6 条件格式设置2

为避免后续数据处理中因录入文字格式差异的报错，将本凭证库中科目编号和科目名称与会计科目表关联，在业务录入时直接选择会计科目和科目编号。具体操作如下：

选中H列，在“数据→数据验证”的设置选项卡中的“允许”栏选择“序列”，在“来源”栏中输入公式“=会计科目表!$B$2：$B$81”，单击“确定”关闭对话框，如图2-7所示。

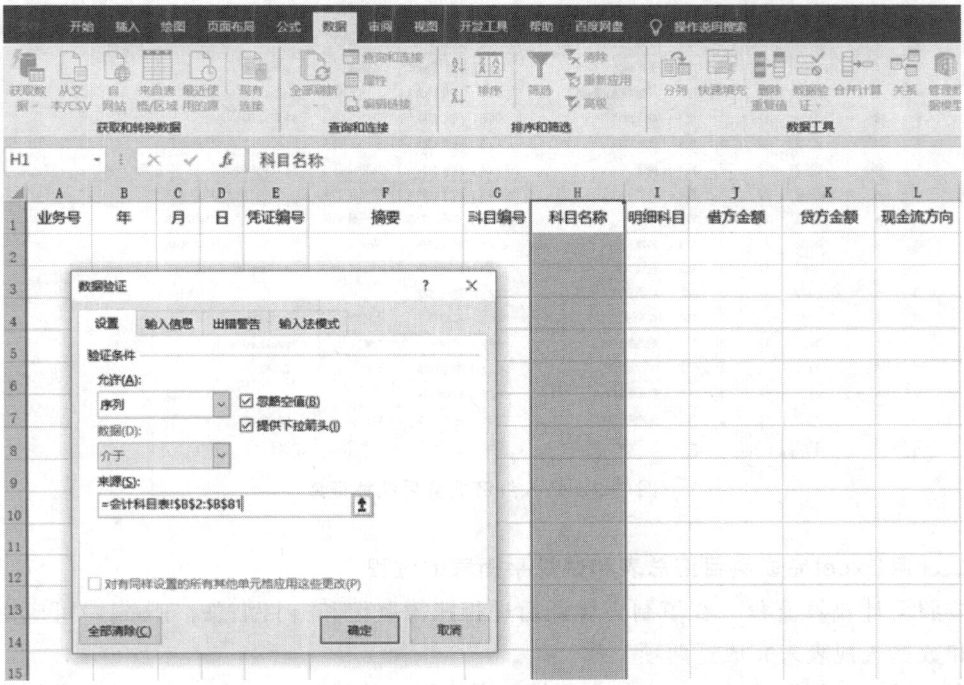

图2-7 科目名称公式设置

打开会计科目表，选中A、B列，选择“公式→名称管理器→根据所选内容创建”项，返回凭证库，选中G列，在“数据→数据验证”的设置选项卡中的“允许”栏选择“序列”，在“来源”栏中输入公式“=INDIRECT（H1）”，单击“确定”关闭对话框，如图2-8所示。

图2-8 科目编号公式设置

4.完成基本表单的设置后，按顺序录入经济业务，如图2-9所示。

业务号	年	月	日	凭证编号	摘要	科目编号	科目名称	明细科目	借方金额	贷方金额	现金流方向
1	2022	12	1	付1	提现	1001	库存现金		5,000.00		内部流转
1	2022	12	1	付1	提现	1002	银行存款			5,000.00	内部流转
2	2022	12	1	付2	王明峰借差旅费	1221	其他应收款	王明峰	2,000.00		
2	2022	12	1	付2	王明峰借差旅费	1001	库存现金			2,000.00	18
3	2022	12	1	收1	收回货款	1002	银行存款		16,000.00		1
3	2022	12	1	收1	收回货款	1122	应收账款			16,000.00	
4	2022	12	2	转1	销售	1122	应收账款	光明公司	92,800.00		
4	2022	12	2	转1	销售	6001	主营业务收入	甲产品		35,000.00	
4	2022	12	2	转1	销售	6001	主营业务收入	乙产品		45,000.00	
4	2022	12	2	转1	销售	2221	应交税费	VAT		12,800.00	
5	2022	12	3	收2	收回货款	1002	银行存款		12000		1
5	2022	12	3	收2	收回货款	1122	应收账款			12000	
6	2022	12	3	付2	购买原材料	1403	原材料	A材料	18,000.00		
6	2022	12	3	付2	购买原材料	1403	原材料	B材料	30,000.00		
6	2022	12	3	付2	购买原材料	2221	应交税费	VAT	7,680.00		
6	2022	12	3	付2	购买原材料	1002	银行存款			55,680.00	10
7	2022	12	3	转2	生产领用材料	5001	生产成本	甲产品	169,500.00		

图2-9　录入经济业务后的凭证库

二、用Excel完成科目汇总表和试算平衡表的过程

按照会计核算流程，在填制完凭证后进行账簿登记和科目汇总，Excel中可应用分类汇总和数据透视表来完成这两项工作。

在“插入→数据透视表→表格和区域”中依提示选择数据区域，选择放置数据位置为新工作表，确定后在新工作表右侧进行数据透视表字段设置，如图2-10所示。单击右键进行值字段设置和表单格式设置等格式美化，如图2-11所示。最后将新工作表重命名为“科目汇总”。

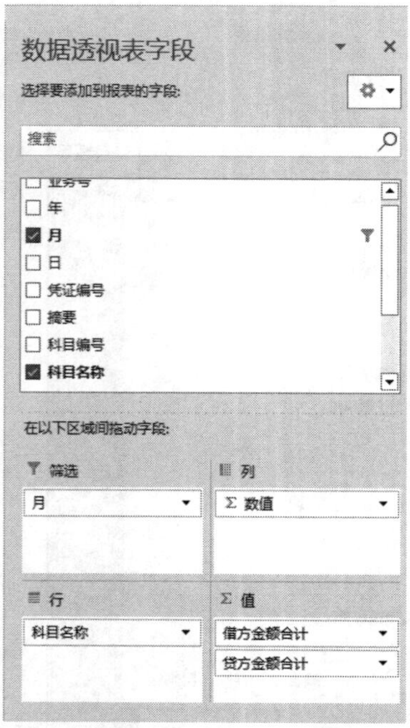

图2-10　数据透视表字段设置

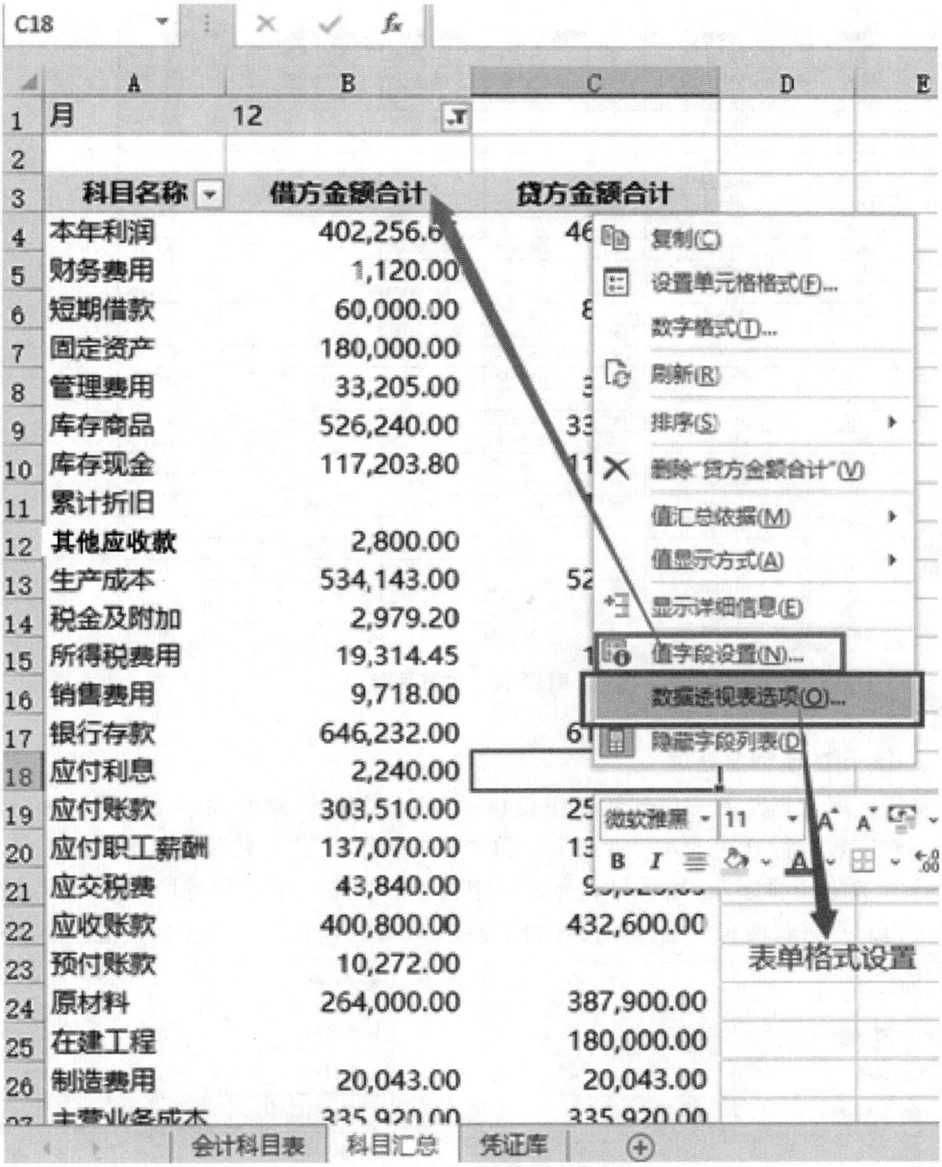

图2-11　数据透视表格式美化

复制会计科目表到新表单，重命名为试算平衡，分别在单元格C2、D2、E2和F2中输入“=IFERROR（INDEX（期初!$G$5：$I$22，MATCH（B2，期初!$G$5：$G$22，0），2），" "）”、“=IFERROR（INDEX（期初!$G$5：$I$22，MATCH（B2，期初!$G$5：$G$22，0），3），""）”、“=IFERROR（INDEX（科目汇总!$A$4：$C$28，MATCH（B2，科目汇总!$A$4：$A$28，0），2），' "）”和“=IFERROR（INDEX（科目汇总!$A$4：$C$28，MATCH（B2，科目汇总!$A$4：$A$28，0），3），" "）”，将期初余额和本月发生额对应到本表，并复制到全列。整理表头，并计算期末余额。期末余额也可用公式：G2=IFERROR（IF（AND（H2=D2+E2-F2、H2>0），"借"，IF（AND（H2=D2-E2+F2，H2>0），"贷"，""））""），H2=IFERROR（IF（OR（C2="借"，C2=" "），D2+E2-F2，D2+F2-E2），""）。依此类推到全列。完成后的表格如图2-12所示。

	A	B	C	D	E	F	G	H
1	科目编码	科目名称	期初余额		本期借方发生额	本期贷方发生额	期末余额	
2	1001	库存现金	借	1,967.00	117,203.80	116,771.80	借	2,399.00
3	1002	银行存款	借	439,938.00	646,232.00	611,620.00	借	474,550.00
4	1122	应收账款	借	134,600.00	400,800.00	432,600.00	借	102,800.00
5	1123	预付账款			10,272.00	-	借	10,272.00
6	1131	应收股利						
7	1132	应收利息						
8	1221	其他应收款						
9	1231	坏账准备						
10	1401	材料采购						
11	1403	原材料	借	368,000.00	264,000.00	387,900.00	借	244,100.00
12	1404	材料成本差异						
13	5001	生产成本			534,143.00	526,240.00	借	7,903.00
14	5101	制造费用			20,043.00	20,043.00		
15	1405	库存商品	借	133,065.00	526,240.00	335,920.00	借	323,385.00
16	1601	固定资产	借	3,500,000.00	180,000.00	-	借	3,680,000.00
17	1602	累计折旧	贷	475,000.00	-	13,000.00	贷	488,000.00
18	1603	固定资产减值准备						
19	1604	在建工程	借	400,000.00	-	180,000.00	借	220,000.00
20	1701	无形资产	借	650,000.00			借	650,000.00
21	1702	累计摊销	贷	29,675.00			贷	29,675.00
22	2001	短期借款	贷	60,000.00	60,000.00	80,000.00	贷	80,000.00
23	2202	应付账款	贷	70,450.00	303,510.00	250,560.00	贷	17,500.00
24	2205	预收账款						
25	2211	应付职工薪酬			137,070.00	137,070.00		
26	2221	应交税费			43,840.00	95,925.65	贷	52,085.65
27	2231	应付利息	贷	2,240.00	2,240.00	-		-
28	4001	实收资本	贷	4,000,000.00			贷	4,000,000.00
29	4002	资本公积	贷	50,000.00			贷	50,000.00

图 2-12　试算平衡

三、Excel的明细账处理

1.将凭证库数据复制一份到新工作表并命名为明细账，删除数据区的最后两列，再添加两列，对应表头行分别录入“借或贷”和“期末余额”。将期初数据追加到本工作表，在本表进行“数据→排序”，按科目编号、明细科目和期末余额进行排序，排序后，按“数据→分类汇总”进行两次汇总，其设置如图2-13和图2-14所示（注意两次汇总的区别）。

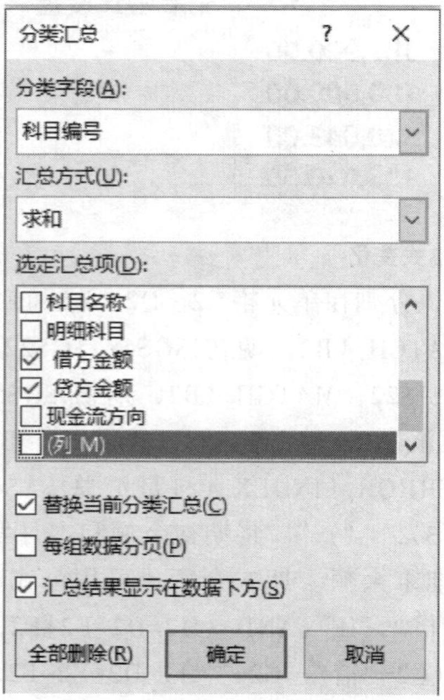

图 2-13　分类汇总 1

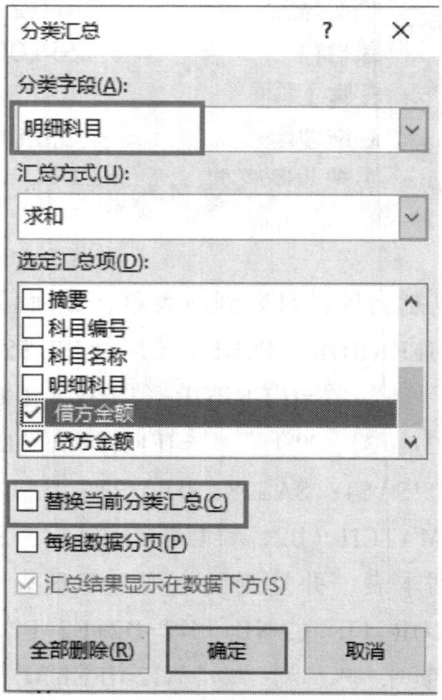

图 2-14　分类汇总 2

2.计算期末余额。

两次分类汇总后，原凭证数据转变成按科目名称和明细科目排序，接下来只需要按照正常的期末余额计算公式算出余额。每一科目的余额计算是一个重复设置公式的过程，此处以库存现金为例演示。在M3中键入公式“=IF(L2="借",M2+J3-K3,M2+K3-J3)”,算出当前业务的余额。余额方向列（L3）的公式为“=IF(M3>0,L2,"需修正")”，余额方向采用公式是为了防止出现负数余额的情况，起到提醒作用。

将L3、M3的公式依次向后复制到本科目的最后一行（L15、M15），即可看到本科目的期末余额。科目汇总行（M16）的余额计算公式则是“=IF(L2="借",M2+J16-K16,M2+K16-J16)”，当M15=M16时，说明余额计算正确。

依此类推，每一个科目的期末余额都是如此操作，调整美化表格，得到明细账结果，如图2-15所示。

M3　=IF(L2="借",M2+J3-K3,M2+K3-J3)

	A	B	C	D	E	F	G	H	I	J	K	L	M
1	业务号	年	月	日	凭证编号	摘要	科目编号	科目名称	明细科目	借方金额	贷方金额	借或贷	期末余额
2						期初余额	1001	库存现金				借	1,967.00
3	1	2022	12	1	付1	提现	1001	库存现金		5,000.00		借	6,967.00
4	2	2022	12	1	付2	王明峰借差旅费	1001	库存现金			2,000.00	借	4,967.00
5	10	2022	12		付5	购买邮票	1001	库存现金			120.00	借	4,847.00
6	13	2022	12		付7	王明峰报销差旅费补尾款	1001	库存现金			38.00	借	4,809.00
7	23	2022	12		付12	购买资料	1001	库存现金			450.00	借	4,359.00
8	28	2022	12		付14	陈青林报餐费	1001	库存现金			980.00	借	3,379.00
9	30	2022	12		付16	提取现金	1001	库存现金		101,431.80		借	104,810.80
10	31	2022	12		付17	支付工资	1001	库存现金			101,431.80	借	3,379.00
11	36	2022	12		收8	销售	1001	库存现金		10,672.00		借	14,051.00
12	37	2022	12		付19	存现	1001	库存现金			10,672.00	借	3,379.00
13	41	2022	12		付23	支付红星公司公司材料款	1001	库存现金			280.00	借	3,099.00
14	42	2022	12		付24	张春宏借差旅费	1001	库存现金			800.00	借	2,299.00
15	45	2022	12		收10	张春宏报销差旅费交回余	1001	库存现金		100.00		借	2,399.00
16								库存现金 汇总		117,203.80	116,771.80		2,399.00
17						期初余额	1002	银行存款				借	439,938.00

图2-15　明细账

四、Excel的报表编制

1.资产负债表的编制。

先按资产负债表格式将表格内容录入并整理好表格形式，资产负债表的填制实质上是期末余额的直接或计算分析填制，本实验旨在给初学者以入门体验，因此业务内容相对简单，在本表编制时根据试算平衡表中的期初、期末余额直接或计算分析填列相应项目。比如，货币资金期末余额C6“=试算平衡!H2+试算平衡!H3”，存货C14“=试算平衡!H11+试算平衡!H13+试算平衡!H15”；又如，流动资产合计C19“=SUM（C6：C18）”，资产总计C45“=C19+C39”。依此类推完成其他项目的填制，资产负债表如图2-16所示。

C6 =试算平衡!H2+试算平衡!H3

	B	C	D	E	F	G
4	资　产	期末余额	期初余额	负债和所有者权益（或股东权益）	期末余额	期初余额
5	流动资产：			流动负债：		
6	货币资金	476,949.00	441,905.00	短期借款	80,000.00	60,000.00
7	交易性金融资产			交易性金融负债		
8	衍生金融资产			衍生金融负债		
9	应收票据			应付票据		
10	应收账款	102,800.00	134,600.00	应付账款	17,500.00	70,450.00
11	应收款项融资			预收款项		
12	预付款项	10,272.00		合同负债		
13	其他应收款			应付职工薪酬		
14	存货	575,388.00	501,065.00	应交税费	52,085.65	
15	合同资产			其他应付款		2,240.00
16	持有待售资产			持有待售负债		
17	一年内到期非流动资产			一年内到期的非流动负债		
18	其他流动资产			其他流动负债		
19	流动资产合计	1,165,409.00	1,077,570.00	流动负债合计	149,585.65	132,690.00
20	非流动资产：			非流动负债：		
21	债权投资			长期借款		
22	其他债权投资			应付债券		
23	长期应收款			其中：优先股		
24	长期股权投资			永续债		
25	其他权益工具投资			租赁负债		
26	其他非流动金融资产			长期应付款		
27	投资性房地产			预计负债		
28	固定资产	3,192,000.00	3,025,000.00	递延收益		
29	在建工程	220,000.00	400,000.00	递延所得税负债		
30	生产性生物资产			其他非流动负债		

会计科目表 | 期初 | 凭证库 | 科目汇总 | 明细账 | 试算平衡 | 资产负债表 | 利润表 | 现金流量表

图2-16　资产负债表

2.利润表的编制。

同理，新建表单将利润表表格内容录入并整理。利润表填列的是本期实际发生额，且各指标的相应损益账户都没有期末余额，因此在相关损益账户没有做期末结转凭证前，可以根据试算平衡表各损益账户的发生额直接填列或计算分析填列。如果已经完成期末损益结转凭证的填写，则可根据期末损益结转凭证各项金额直接填列。本实验已完成期末损益结转凭证的填写，故直接从凭证库的对应期末损益结转凭证取数填入。如营业收入C5“=凭证库!K147”，营业利润C23“=C5-C6-C7-C8-C9-C10-C11+C14+C15+C18+C19+C20+C21+C22”，利润总额C26“=C23+C24-C25”，所得税费用C27“=凭证库！J158”，净利润C28“=C26-C27”。依此类推完成其他项目的填制，利润表如图2-17所示。

利润表

会企02表

编制单位：蓬新公司　　20x1 年 12月　　单位：元

项　目	本月合计	全年累计
一、营业收入	460,200.00	
减：营业成本	335,920.00	
税金及附加	2,979.20	
销售费用	9,718.00	
管理费用	33,205.00	
研发费用		
财务费用	1,120.00	
其中：利息费用		
利息收入		
加：其他收益		
投资收益（损失以"-"号填列）		
其中：对联营企业和合营企业的投资收益		
以摊余成本计量的金融资产终止确认收益(损失以"-"号填列)		
净敞口套期收益（损失以"-"号填列）		
公允价值变动收益（损失以"-"号填列）		
信用减值损失（损失以"-"号填列）		
资产减值损失（损失以"-"号填列）		
资产处置收益（损失以"-"号填列）		
二、营业利润（亏损以"-"号填列）	77,257.80	
加：营业外收入		

图2-17　利润表

3.现金流量表的编制。

同理，新建表单将现金流量表表格内容录入并整理。

在凭证库设计时添加了一列"现金流方向"，在录入涉及库存现金、银行存款等现金流入流出的会计业务时，在对应的现金流方向单元格录入现金流量表对应项目的行次序号。需要注意的是，如果该业务是库存现金与银行存款的互转，则不标注，或者标注为现金内部流转。

本表编制时，用sumif函数对现金流方向栏的数字作条件统计即可得到对应现金流项目的金额。比如，销售商品、提供劳务收到的现金，对应的行次号为B5=1，则C5"=SUMIF（凭证库!$L$2：$L$131，B5，凭证库!$J$2：$J$131）"，依此类推。而经营活动产生的现金流量净额"=C8-C13"。依此类推完成其他项目的填制，现金流量表如图2-18所示。

C5 =SUMIF(凭证库!$L$2:$L$131,B5,凭证库!$J$2:$J$131)

	A	B	C
1	现金流量表		
2	编制单位: 2018年12月		单位：元
3	项　目	行次	金 额
4	一、经营活动产生的现金流量:		
5	销售商品、提供劳务收到的现金	1	566,232.00
6	收到的税费返还	3	-
7	收到其他与经营活动有关的现金	8	100.00
8	经营活动现金流入小计	9	566,332.00
9	购买商品、接受劳务支付的现金	10	371,840.00
10	支付给职工以及为职工支付的现金	12	137,070.00
11	支付各项税费	13	-
12	支付其他与经营活动有关的现金	18	39,018.00
13	经营活动现金流出小计	20	547,928.00
14	**经营活动产生的现金流量净额**	21	18,404.00
15	二、投资活动产生的现金流量:		
16	收回投资收到的现金	22	-
17	取得投资收益收到的现金	23	-
18	处置固定资产、无形资产和其他长期资产收回的现金净额	25	-
19	处置子公司及其他营业单位收到的现金净额	26	-
20	收到其他与投资活动有关的现金	28	-
21	投资活动现金流入小计	29	
22	购建固定资产、无形资产和其他长期资产支付的现金	30	-
23	投资支付的现金	31	-
24	取得子公司及其他营业单位支付的现金净额	32	-
25	支付其他与投资活动有关的现金	35	-
26	投资活动现金流出小计	36	-
27	**投资活动产生的现金流量净额**	37	
28	三、筹资活动产生的现金流量		
29	吸收投资收到的现金	38	-
30	取得借款收到的现金	40	80,000.00
31	收到其他与筹资活动有关的现金	43	-
32	筹资活动现金流入小计	44	80,000.00
33	偿还债务支付的现金	45	60,000.00
34	分配股利、利润或偿付利息支付的现金	46	3,360.00
35	支付其他与筹资活动有关的现金	50	-
36	筹资活动现金流出小计	51	63,360.00
37	**筹资活动产生的现金流量净额**	52	16,640.00
38	四、汇率变动对现金及现金等价物的影响	53	
39	五、现金及现金等价物净增加额	54	35,044.00
40	加：期初现金及现金等价物余额	55	
41	六、期末现金及现金等价物余额	56	
42	**补 充 资 料**	行次	金 额
43	1、将净利润调节为经营活动现金流量		
44	净利润	57	57,943.35
45	加：资产减值准备	58	
46	固定资产折旧、油气资产折耗、生产性生物资产折旧	59	
47	无形资产摊销	60	
48	长期待摊费用摊销	61	
49	待摊费用减少（减：增加）	64	
50	预提费用增加（减：减少）	65	
51	处置固定资产、无形资产和其他长期资产的损失（收益以 "	66	
52	固定资产报废损失（收益以“-”号填列）	67	
53	公允价值变动损失（收益以“-”号填列）	68	
54	财务费用（收益以“-”号填列）	69	
55	投资损失（收益以“-”号填列）	71	
56	递延所得税资产减少（增加以“-”号填列）	74	
57	递延所得税负债增加（减少以“-”号填列）	75	
58	存货的减少（增加以“-”号填列）	76	
59	经营性应收项目的减少（增加以“-”号填列）	77	
60	经营性应付项目的增加（减少以“-”号填列）	78	
61	其他	79	
62	**经营活动产生的现金流量净额**	80	
63	2、不涉及现金收支的重大投资和筹资活动:		
64	债务转为资本	85	
65	一年内到期的可转换公司债券	88	
66	融资租入固定资产	89	
67	3、现金及现金等价物净变动情况:		
68	现金的期末余额	94	
69	减：现金的期初余额	95	
70	加：现金等价物的期末余额	96	
71	减：现金等价物的期初余额	97	
72	现金及现金等价物净增加额	98	
73			
74			
75			

资产负债表 / 利润表 / 现金流量表

图2-18　现金流量表

附录一　汇总记账凭证账务处理程序

一、实训目的

汇总记账凭证账务处理程序是指把记账凭证按收款凭证、付款凭证和转账凭证分别归类汇总编制成汇总记账凭证，然后以汇总记账凭证登记总分类账的一种账务处理程序。

汇总记账凭证一般分为汇总收款凭证、汇总付款凭证和汇总转账凭证三种。为了便于汇总转账凭证的编制，转账凭证应采用一借一贷或多借一贷的形式，而不能采用一借多贷的形式。

汇总记账凭证账务处理程序一般只适用于规模较大、经济业务量较多、专用记账凭证也比较多的会计主体。

通过本次实训，要求操作者能根据自己已编制的记账凭证，采用汇总记账凭证账务处理程序，准确编制汇总记账凭证，登记总分类账，再进行试算平衡。

二、实训要求

（1）根据实训一和实训二已编制的记账凭证，分别汇总12月份的汇总收款凭证、汇总付款凭证和汇总转账凭证，并填列在所附的表格中。

（2）根据汇总记账凭证的结果，登记12月份的总分类账。

三、实训资料

根据实训一和实训二所编制的记账凭证编制汇总记账凭证。

四、实训用汇总记账凭证

汇总收款凭证

借方科目：库存现金　　20×1 年 12 月 31 日　　汇收第 1 号

贷方科目	金额				账页
	1—10 日	11—20 日	21—31 日	合计	
合计					

汇总收款凭证

借方科目：银行存款　　20×1 年 12 月 31 日　　汇收第 2 号

贷方科目	金额				账页
	1—10 日	11—20 日	21—31 日	合计	
合计					

汇总付款凭证

贷方科目：库存现金　　20×1年12月31日　　汇付第1号

借方科目	金额				账页
	1—10日	11—20日	21—31日	合计	
合计					

汇总付款凭证

贷方科目：银行存款　　20×1年12月31日　　汇付第2号

借方科目	金额				账页
	1—10日	11—20日	21—31日	合计	
合计					

汇总转账凭证

贷方科目：应收账款　　　　20×1 年 12月 31日　　　　汇转第 1 号

借方科目	金　额				账页
	1—10日	11—20日	21—31日	合　计	
合 计					

汇总转账凭证

贷方科目：其他应收款　　　　20×1 年 12月 31日　　　　汇转第 2 号

借方科目	金　额				账页
	1—10日	11—20日	21—31日	合　计	
合 计					

汇总转账凭证

贷方科目：库存商品　　20×1 年 12月 31日　　汇转第 3 号

借方科目	金 额				账页
	1—10日	11—20日	21—31日	合 计	
合 计					

汇总转账凭证

贷方科目：原材料　　20×1 年 12月 31日　　汇转第 4 号

借方科目	金 额				账页
	1—10日	11—20日	21—31日	合 计	
合 计					

汇总转账凭证

贷方科目：生产成本　　　　20×1 年 12月 31日　　　　汇转第 5 号

借方科目	金额				账页
	1—10日	11—20日	21—31日	合　计	
合 计					

汇总转账凭证

贷方科目：制造费用　　　　20×1 年 12月 31日　　　　汇转第 6 号

借方科目	金额				账页
	1—10日	11—20日	21—31日	合　计	
合 计					

汇总转账凭证

贷方科目：预付账款　　20×1 年 12 月 31 日　　汇转第 7 号

借方科目	金额				账页
	1—10 日	11—20 日	21—31 日	合计	
合计					

汇总转账凭证

贷方科目：累计折旧　　20×1 年 12 月 31 日　　汇转第 8 号

借方科目	金额				账页
	1—10 日	11—20 日	21—31 日	合计	
合计					

汇总转账凭证

贷方科目：短期借款　　20×1 年 12 月 31 日　　汇转第 9 号

借方科目	金额				账页
	1—10 日	11—20 日	21—31 日	合　计	
合 计					

汇总转账凭证

贷方科目：应付账款　　20×1 年 12 月 31 日　　汇转第 10 号

借方科目	金额				账页
	1—10 日	11—20 日	21—31 日	合　计	
合 计					

汇总转账凭证

贷方科目：应付职工薪酬　　20×1 年 12月 31日　　汇转第 11号

借方科目	金额				账页
	1—10 日	11—20 日	21—31 日	合计	
合计					

汇总转账凭证

贷方科目：应交税费　　20×1 年 12月 31日　　汇转第 12号

借方科目	金额				账页
	1—10 日	11—20 日	21—31 日	合计	
合计					

汇总转账凭证

贷方科目：应付利息　　20×1 年 12 月 31 日　　汇转第 13 号

借方科目	金　额				账页
	1—10 日	11—20 日	21—31 日	合　计	
合 计					

汇总转账凭证

贷方科目：本年利润　　20×1 年 12 月 31 日　　汇转第 14 号

借方科目	金　额				账页
	1—10 日	11—20 日	21—31 日	合　计	
合 计					

汇总转账凭证

贷方科目：主营业务收入　　20×1 年 12月 31日　　汇转第 15号

借方科目	金额				账页
	1—10日	11—20日	21—31日	合 计	
合 计					

汇总转账凭证

贷方科目：主营业务成本　　20×1 年 12月 31日　　汇转第 16号

借方科目	金额				账页
	1—10日	11—20日	21—31日	合 计	
合 计					

汇总转账凭证

贷方科目：管理费用 20×1 年 12月 31日 汇转第 17号

借方科目	金额				账页
	1—10日	11—20日	21—31日	合 计	
合 计					

汇总转账凭证

贷方科目：财务费用 20×1 年 12月 31日 汇转第 18号

借方科目	金额				账页
	1—10日	11—20日	21—31日	合 计	
合 计					

汇总转账凭证

贷方科目：所得税费用　　20×1 年 12 月 31 日　　汇转第 19 号

借方科目	金额				账页
	1—10 日	11—20 日	21—31 日	合计	
合计					

附录二　会计基础工作规范

财政部《会计基础工作规范》（2019年修订）
中华人民共和国财政部令第98号

（1996年6月17日财会字〔1996〕19号公布，根据2019年3月14日《财政部关于修改〈代理记账管理办法〉等2部部门规章的决定》修改）

第一章　总　则

第一条　为了加强会计基础工作，建立规范的会计工作秩序，提高会计工作水平，根据《中华人民共和国会计法》的有关规定，制定本规范。

第二条　国家机关、社会团体、企业、事业单位、个体工商户和其他组织的会计基础工作，应当符合本规范的规定。

第三条　各单位应当依据有关法律、法规和本规范的规定，加强会计基础工作，严格执行会计法规制度，保证会计工作依法有序地进行。

第四条　单位领导人对本单位的会计基础工作负有领导责任。

第五条　各省、自治区、直辖市财政厅（局）要加强对会计基础工作的管理和指导，通过政策引导、经验交流、监督检查等措施，促进基层单位加强会计基础工作，不断提高会计工作水平。

国务院各业务主管部门根据职责权限管理本部门的会计基础工作。

第二章　会计机构和会计人员

第一节　会计机构设置和会计人员配备

第六条　各单位应当根据会计业务的需要设置会计机构；不具备单独设置会计机构条件的，应当在有关机构中配备专职会计人员。

事业行政单位会计机构的设置和会计人员的配备，应当符合国家统一事业行政单位会计制度的规定。

设置会计机构，应当配备会计机构负责人；在有关机构中配备专职会计人员，应当在专职会计人员中指定会计主管人员。

会计机构负责人、会计主管人员的任免，应当符合《中华人民共和国会计法》和有关法律的规定。

第七条　会计机构负责人、会计主管人员应当具备下列基本条件：

（一）坚持原则，廉洁奉公；

（二）具备会计师以上专业技术职务资格或者从事会计工作不少于三年；

（三）熟悉国家财经法律、法规、规章和方针、政策，掌握本行业业务管理的有关知识；

（四）有较强的组织能力；

（五）身体状况能够适应本职工作的要求。

第八条 没有设置会计机构或者配备会计人员的单位，应当根据《代理记账管理办法》的规定，委托会计师事务所或者持有代理记账许可证书的代理记账机构进行代理记账。

第九条 大、中型企业、事业单位、业务主管部门应当根据法律和国家有关规定设置总会计师。总会计师由具有会计师以上专业技术资格的人员担任。

总会计师行使《总会计师条例》规定的职责、权限。

总会计师的任命（聘任）、免职（解聘）依照《总会计师条例》和有关法律的规定办理。

第十条 各单位应当根据会计业务需要配备会计人员，督促其遵守职业道德和国家统一的会计制度。

第十一条 各单位应当根据会计业务需要设置会计工作岗位。

会计工作岗位一般可分为：会计机构负责人或者会计主管人员，出纳，财产物资核算，工资核算，成本费用核算，财务成果核算，资金核算，往来结算，总账报表，稽核，档案管理等。开展会计电算化和管理会计的单位，可以根据需要设置相应工作岗位，也可以与其他工作岗位相结合。

第十二条 会计工作岗位，可以一人一岗、一人多岗或者一岗多人。但出纳人员不得兼管稽核、会计档案保管和收入、费用、债权债务账目的登记工作。

第十三条 会计人员的工作岗位应当有计划地进行轮换。

第十四条 会计人员应当具备必要的专业知识和专业技能，熟悉国家有关法律、法规、规章和国家统一会计制度，遵守职业道德。

会计人员应当按照国家有关规定参加会计业务的培训。各单位应当合理安排会计人员的培训，保证会计人员每年有一定时间用于学习和参加培训。

第十五条 各单位领导人应当支持会计机构、会计人员依法行使职权；对忠于职守，坚持原则，做出显著成绩的会计机构、会计人员，应当给予精神的和物质的奖励。

第十六条 国家机关、国有企业、事业单位任用会计人员应当实行回避制度。

单位领导人的直系亲属不得担任本单位的会计机构负责人、会计主管人员。会计机构负责人、会计主管人员的直系亲属不得在本单位会计机构中担任出纳工作。

需要回避的直系亲属为：夫妻关系、直系血亲关系、三代以内旁系血亲以及配偶亲关系。

第二节 会计人员职业道德

第十七条 会计人员在会计工作中应当遵守职业道德，树立良好的职业品质、严谨的工作作风，严守工作纪律，努力提高工作效率和工作质量。

第十八条 会计人员应当热爱本职工作，努力钻研业务，使自己的知识和技能适应所从事工作的要求。

第十九条 会计人员应当熟悉财经法律、法规、规章和国家统一会计制度，并结合会计工作进行广泛宣传。

第二十条 会计人员应当按照会计法律、法规和国家统一会计制度规定的程序和要求进行会计工作，保证所提供的会计信息合法、真实、准确、及时、完整。

第二十一条 会计人员办理会计事务应当实事求是、客观公正。

第二十二条 会计人员应当熟悉本单位的生产经营和业务管理情况，运用掌握的会计信息和会计方法，为改善单位内部管理、提高经济效益服务。

第二十三条 会计人员应当保守本单位的商业秘密。除法律规定和单位领导人同意外，不能私自向外界提供或者泄露单位的会计信息。

第二十四条 财政部门、业务主管部门和各单位应当定期检查会计人员遵守职业道德的情况，并作为会计人员晋升、晋级、聘任专业职务、表彰奖励的重要考核依据。

会计人员违反职业道德的，由所在单位进行处理。

第三节 会计工作交接

第二十五条 会计人员工作调动或者因故离职，必须将本人所经管的会计工作全部移交给接替人员。没有办清交接手续的，不得调动或者离职。

第二十六条 接替人员应当认真接管移交工作，并继续办理移交的未了事项。

第二十七条 会计人员办理移交手续前，必须及时做好以下工作：

（一）已经受理的经济业务尚未填制会计凭证的，应当填制完毕。

（二）尚未登记的账目，应当登记完毕，并在最后一笔余额后加盖经办人员印章。

（三）整理应该移交的各项资料，对未了事项写出书面材料。

（四）编制移交清册，列明应当移交的会计凭证、会计账簿、会计报表、印章、现金、有价证券、支票簿、发票、文件、其他会计资料和物品等内容；实行会计电算化的单位，从事该项工作的移交人员还应当在移交清册中列明会计软件及密码、会计软件数据磁盘（磁带等）及有关资料、实物等内容。

第二十八条 会计人员办理交接手续，必须有监交人负责监交。一般会计人员交接，由单位会计机构负责人、会计主管人员负责监交；会计机构负责人、会计主管人员交接，由单位领导人负责监交，必要时可由上级主管部门派人会同监交。

第二十九条 移交人员在办理移交时，要按移交清册逐项移交；接替人员要逐项核对点收。

（一）现金、有价证券要根据会计账簿有关记录进行点交。库存现金、有价证券必须与会计账簿记录保持一致。不一致时，移交人员必须限期查清。

（二）会计凭证、会计账簿、会计报表和其他会计资料必须完整无缺。如有短缺，必须查清原因，并在移交清册中注明，由移交人员负责。

（三）银行存款账户余额要与银行对账单核对，如不一致，应当编制银行存款余额调节表调节相符，各种财产物资和债权债务的明细账户余额要与总账有关账户余额核对相符；必要时，要抽查个别账户的余额，与实物核对相符，或者与往来单位、个人核对清楚。

（四）移交人员经管的票据、印章和其他实物等，必须交接清楚；移交人员从事会计电算化工作的，要对有关电子数据在实际操作状态下进行交接。

第三十条 会计机构负责人、会计主管人员移交时，还必须将全部财务会计工作、重大财务收支和会计人员的情况等，向接替人员详细介绍。对需要移交的遗留问题，应当写出书面材料。

第三十一条 交接完毕后，交接双方和监交人员要在移交清册上签名或者盖章。并应在移交清册上注明：单位名称，交接日期，交接双方和监交人员的职务、姓名，移交清册页数以及需要说明的问题和意见等。

移交清册一般应当填制一式三份，交接双方各执一份，存档一份。

第三十二条 接替人员应当继续使用移交的会计账簿，不得自行另立新账，以保持会计记录的连续性。

第三十三条 会计人员临时离职或者因病不能工作且需要接替或者代理的，会计机构负责人、会计主管人员或者单位领导人必须指定有关人员接替或者代理，并办理交接手续。

临时离职或者因病不能工作的会计人员恢复工作的，应当与接替或者代理人员办理交接手续。

移交人员因病或者其他特殊原因不能亲自办理移交的，经单位领导人批准，可由移交人员委托他人代办移交，但委托人应当承担本规范第三十五条规定的责任。

第三十四条 单位撤销时，必须留有必要的会计人员，会同有关人员办理清理工作，编制决算。未移交前，不得离职。接收单位和移交日期由主管部门确定。

单位合并、分立的，其会计工作交接手续比照上述有关规定办理。

第三十五条 移交人员对所移交的会计凭证、会计账簿、会计报表和其他有关资料的合法性、真实性承担法律责任。

第三章 会计核算

第一节 会计核算一般要求

第三十六条 各单位应当按照《中华人民共和国会计法》和国家统一会计制度的规定建立会计账册，进行会计核算，及时提供合法、真实、准确、完整的会计信息。

第三十七条 各单位发生的下列事项，应当及时办理会计手续、进行会计核算：

（一）款项和有价证券的收付；

（二）财物的收发、增减和使用；

（三）债权债务的发生和结算；

（四）资本、基金的增减；

（五）收入、支出、费用、成本的计算；

（六）财务成果的计算和处理；

（七）其他需要办理会计手续、进行会计核算的事项。

第三十八条 各单位的会计核算应当以实际发生的经济业务为依据，按照规定的会计处理方法进行，保证会计指标的口径一致、相互可比和会计处理方法的前后各期相一致。

第三十九条 会计年度自公历1月1日起至12月31日止。

第四十条 会计核算以人民币为记账本位币。

收支业务以外国货币为主的单位，也可以选定某种外国货币作为记账本位币，但是编制的会计报表应当折算为人民币反映。

境外单位向国内有关部门编报的会计报表，应当折算为人民币反映。

第四十一条 各单位根据国家统一会计制度的要求，在不影响会计核算要求、会计报表指标汇总和对外统一会计报表的前提下，可以根据实际情况自行设置和使用会计科目。

事业行政单位会计科目的设置和使用，应当符合国家统一事业行政单位会计制度的规定。

第四十二条　会计凭证、会计账簿、会计报表和其他会计资料的内容和要求必须符合国家统一会计制度的规定，不得伪造、变造会计凭证和会计账簿，不得设置账外账，不得报送虚假会计报表。

第四十三条　各单位对外报送的会计报表格式由财政部统一规定。

第四十四条　实行会计电算化的单位，对使用的会计软件及其生成的会计凭证、会计账簿、会计报表和其他会计资料的要求，应当符合财政部关于会计电算化的有关规定。

第四十五条　各单位的会计凭证、会计账簿、会计报表和其他会计资料，应当建立档案，妥善保管。会计档案建档要求、保管期限、销毁办法等依据《会计档案管理办法》的规定进行。

实行会计电算化的单位，有关电子数据、会计软件资料等应当作为会计档案进行管理。

第四十六条　会计记录的文字应当使用中文，少数民族自治地区可以同时使用少数民族文字。中国境内的外商投资企业、外国企业和其他外国经济组织也可以同时使用某种外国文字。

第二节　填制会计凭证

第四十七条　各单位办理本规范第三十七条规定的事项，必须取得或者填制原始凭证，并及时送交会计机构。

第四十八条　原始凭证的基本要求是：

（一）原始凭证的内容必须具备：凭证的名称；填制凭证的日期；填制凭证单位名称或者填制人姓名；经办人员的签名或者盖章；接受凭证单位名称；经济业务内容；数量、单价和金额。

（二）从外单位取得的原始凭证，必须盖有填制单位的公章；从个人取得的原始凭证，必须有填制人员的签名或者盖章。自制原始凭证必须有经办单位领导人或者其指定的人员签名或者盖章。对外开出的原始凭证，必须加盖本单位公章。

（三）凡填有大写和小写金额的原始凭证，大写与小写金额必须相符。购买实物的原始凭证，必须有验收证明。支付款项的原始凭证，必须有收款单位和收款人的收款证明。

（四）一式几联的原始凭证，应当注明各联的用途，只能以一联作为报销凭证。

一式几联的发票和收据，必须用双面复写纸（发票和收据本身具备复写纸功能的除外）套写，并连续编号。作废时应当加盖“作废”戳记，连同存根一起保存，不得撕毁。

（五）发生销货退回的，除填制退货发票外，还必须有退货验收证明；退款时，必须取得对方的收款收据或者汇款银行的凭证，不得以退货发票代替收据。

（六）职工公出借款凭据，必须附在记账凭证之后。收回借款时，应当另开收据或者退还借据副本，不得退还原借款收据。

（七）经上级有关部门批准的经济业务，应当将批准文件作为原始凭证附件。如果批准文件需要单独归档的，应当在凭证上注明批准机关名称、日期和文件字号。

第四十九条　原始凭证不得涂改、挖补。发现原始凭证有错误的，应当由开出单位重开或者更正，更正处应当加盖开出单位的公章。

第五十条 会计机构、会计人员要根据审核无误的原始凭证填制记账凭证。

记账凭证可以分为收款凭证、付款凭证和转账凭证，也可以使用通用记账凭证。

第五十一条 记账凭证的基本要求是：

（一）记账凭证的内容必须具备：填制凭证的日期；凭证编号；经济业务摘要；会计科目；金额；所附原始凭证张数；填制凭证人员、稽核人员、记账人员、会计机构负责人、会计主管人员签名或者盖章。收款和付款记账凭证还应当由出纳人员签名或者盖章。

以自制的原始凭证或者原始凭证汇总表代替记账凭证的，也必须具备记账凭证应有的项目。

（二）填制记账凭证时，应当对记账凭证进行连续编号。一笔经济业务需要填制两张以上记账凭证的，可以采用分数编号法编号。

（三）记账凭证可以根据每一张原始凭证填制，或者根据若干张同类原始凭证汇总填制，也可以根据原始凭证汇总表填制。但不得将不同内容和类别的原始凭证汇总填制在一张记账凭证上。

（四）除结账和更正错误的记账凭证可以不附原始凭证外，其他记账凭证必须附有原始凭证。如果一张原始凭证涉及几张记账凭证，可以把原始凭证附在一张主要的记账凭证后面，并在其他记账凭证上注明附有该原始凭证的记账凭证的编号或者附原始凭证复印件。

一张复始凭证所列支出需要几个单位共同负担的，应当将其他单位负担的部分，开给对方原始凭证分割单，进行结算。原始凭证分割单必须具备原始凭证的基本内容：凭证名称、填制凭证日期、填制凭证单位名称或者填制人姓名、经办人的签名或者盖章、接受凭证单位名称、经济业务内容、数量、单价、金额和费用分摊情况等。

（五）如果在填制记账凭证时发生错误，应当重新填制。

已经登记入账的记账凭证，在当年内发现填写错误时，可以用红字填写一张与原内容相同的记账凭证，在摘要栏注明“注销某月某日某号凭证”字样，同时再用蓝字重新填制一张正确的记账凭证，注明“订正某月某日某号凭证”字样。如果会计科目没有错误，只是金额错误，也可以将正确数字与错误数字之间的差额，另编一张调整的记账凭证，调增金额用蓝字，调减金额用红字。发现以前年度记账凭证有错误的，应当用蓝字填制一张更正的记账凭证。

（六）记账凭证填制完经济业务事项后，如有空行，应当自金额栏最后一笔金额数字下的空行处至合计数上的空行处划线注销。

第五十二条 填制会计凭证，字迹必须清晰、工整，并符合下列要求：

（一）阿拉伯数字应当一个一个地写，不得连笔写。阿拉伯金额数字前面应当书写货币币种符号或者货币名称简写和币种符号。币种符号与阿拉伯金额数字之间不得留有空白。凡阿拉伯数字前写有币种符号的，数字后面不再写货币单位。

（二）所有以元为单位（其他货币种类为货币基本单位，下同）的阿拉伯数字，除表示单价等情况外，一律填写到角分；无角分的，角位和分位可写“00”，或者符号“--”；有角无分的，分位应当写“0”，不得用符号“-”代替。

（三）汉字大写数字金额如零、壹、贰、叁、肆、伍、陆、柒、捌、玖、拾、佰、仟、万、亿等，一律用正楷或者行书体书写，不得用0、一、二、三、四、五、六、七、八、九、十等简化字代替，不得任意自造简化字。大写金额数字到元或者角为止的，在“元”或者“角”字之后应当写“整”字或者“正”字；大写金额数字有分的，分字后面不写“整”或者“正”字。

（四）大写金额数字前未印有货币名称约，应当加填货币名称，货币名称与金额数字之间不得留有空白。

（五）阿拉伯金额数字中间有“0”时，汉字大写金额要写“零”字；阿拉伯数字金额中间连续有几个“0”时，汉字大写金额中可以只写一个“零”字；阿拉伯金额数字元位是“0”，或者数字中间连续有几个“0”、元位也是“0”但角位不是“0”时，汉字大写金额可以只写一个“零”字，也可以不写“零”字。

第五十三条　实行会计电算化的单位，对于机制记账凭证，要认真审核，做到会计科目使用正确，数字准确无误。打印出的机制记账凭证要加盖制单人员、审核人员、记账人员及会计机构负责人、会计主管人员印章或者签字。

第五十四条　各单位会计凭证的传递程序应当科学、合理．具体办法由各单位根据会计业务需要自行规定。

第五十五条　会计机构、会计人员要妥善保管会计凭证。

（一）会计凭证应当及时传递，不得积压。

（二）会计凭证登记完毕后，应当按照分类和编号顺序保管，不得散乱丢失。

（三）记账凭证应当连同所附的原始凭证或者原始凭证汇总表，按照编号顺序，折叠整齐，按期装订成册，并加具封面，注明单位名称、年度、月份和起讫日期、凭证种类、起讫号码，由装订人在装订线封签外签名或者盖章。

对于数量过多的原始凭证，可以单独装订保管，在封面上注明记账凭证日期、编号、种类，同时在记账凭证上注明“附件另订”和原始凭证名称及编号。

各种经济合同、存出保证金收据以及涉外文件等重要原始凭证，应当另编目录，单独登记保管，并在有关的记账凭证和原始凭证上相互注明日期和编号。

（四）原始凭证不得外借，其他单位如因特殊原因需要使用原始凭证时，经本单位会计机构负责人、会计主管人员批准，可以复制。向外单位提供的原始凭证复制件，应当在专设的登记簿上登记，并由提供人员和收取人员共同签名或者盖章。

（五）从外单位取得的原始凭证如有遗失，应当取得原开出单位盖有公章的证明，并注明原来凭证的号码、金额和内容等，由经办单位会计机构负责人、会计主管人员和单位领导人批准后，才能代作原始凭证。如果确实无法取得证明的，如火车、轮船、飞机票等凭证，由当事人写出详细情况，由经办单位会计机构负责人、会计主管人员和单位领导人批准后，代作原始凭证。

第三节　登记会计账簿

第五十六条　各单位应当按照国家统一会计制度的规定和会计业务的需要设置会计账簿。会计账簿包括总账、明细账、日记账和其他辅助性账簿。

第五十七条　现金日记账和银行存款日记账必须采用订本式账簿。不得用银行对账单或者其他方法代替日记账。

第五十八条　实行会计电算化的单位，用计算机打印的会计账簿必须连续编号，经审核无误后装订成册，并由记账人员和会计机构负责人、会计主管人员签字或者盖章。

第五十九条 启用会计账簿时，应当在账簿封面上写明单位名称和账簿名称。在账簿扉页上应当附启用表，内容包括：启用日期、账簿页数、记账人员和会计机构负责人、会计主管人员姓名，并加盖名章和单位公章。记账人员或者会计机构负责人、会计主管人员调动工作时，应当注明交接日期、接办人员或者监交人员姓名，并由交接双方人员签名或者盖章。

启用订本式账簿，应当从第一页到最后一页顺序编定页数，不得跳页、缺号。使用活页式账页，应当按账户顺序编号，并须定期装订成册。装订后再按实际使用的账页顺序编定页码。另加目录，记明每个账户的名称和页次。

第六十条 会计人员应当根据审核无误的会计凭证登记会计账簿。登记账簿的基本要求是：

（一）登记会计账簿时，应当将会计凭证日期、编号、业务内容摘要、金额和其他有关资料逐项记入账内，做到数字准确、摘要清楚、登记及时、字迹工整。

（二）登记完毕后，要在记账凭证上签名或者盖章，并注明已经登账的符号，表示已经记账。

（三）账簿中书写的文字和数字上面要留有适当空格，不要写满格；一般应占格距的二分之一。

（四）登记账簿要用蓝黑墨水或者碳素墨水书写，不得使用圆珠笔（银行的复写账簿除外）或者铅笔书写。

（五）下列情况，可以用红色墨水记账：

1.按照红字冲账的记账凭证，冲销错误记录；

2.在不设借贷等栏的多栏式账页中，登记减少数；

3.在三栏式账户的余额栏前，如未印明余额方向的，在余额栏内登记负数余额；

4.根据国家统一会计制度的规定可以用红字登记的其他会计记录。

（六）各种账簿按页次顺序连续登记，不得跳行、隔页。如果发生跳行、隔页，应当将空行、空页划线注销，或者注明“此行空白”、“此页空白”字样，并由记账人员签名或者盖章。

（七）凡需要结出余额的账户，结出余额后，应当在“借或贷”等栏内写明“借”或者“贷”等字样。没有余额的账户，应当在“借或贷”等栏内写“平”字，并在余额栏内用“θ”表示。

现金日记账和银行存款日记账必须逐日结出余额。

（八）每一账页登记完毕结转下页时，应当结出本页合计数及余额，写在本页最后一行和下页第一行有关栏内，并在摘要栏内注明“过次页”和“承前页”字样；也可以将本页合计数及金额只写在下页第一行有关栏内，并在摘要栏内注明“承前页”字样。

对需要结计本月发生额的账户，结计“过次页”的本页合计数应当为自本月初起至本页末止的发生额合计数；对需要结计本年累计发生额的账户，结计“过次页”的本页合计数应当为自年初起至本页末止的累计数；对既不需要结计本月发生额也不需要结计本年累计发生额的账户，可以只将每页末的余额结转次页。

第六十一条 账簿记录发生错误，不准涂改、挖补、刮擦或者用药水消除字迹，不准重新抄写，必须按照下列方法进行更正：

（一）登记账簿时发生错误，应当将错误的文字或者数字划红线注销，但必须使原有字迹仍可辨认；然后在划线上方填写正确的文字或者数字，并由记账人员在更正处盖章。对于错误的数字，应当全部划红线更正，不得只更正其中的错误数字。对于文字错误，可只划去错误的部分。

（二）由于记账凭证错误而使账簿记录发生错误，应当按更正的记账凭证登记账簿。

第六十二条 各单位应当定期对会计账簿记录的有关数字与库存实物、货币资金、有价证券、往来单位或者个人等进行相互核对，保证账证相符、账账相符、账实相符。对账工作每年至少进行一次。

（一）账证核对。核对会计账簿记录与原始凭证、记账凭证的时间、凭证字号、内容、金额是否一致，记账方向是否相符。

（二）账账核对。核对不同会计账簿之间的账簿记录是否相符，包括：总账有关账户的余额核对，总账与明细账核对，总账与日记账核对，会计部门的财产物资明细账与财产物资保管和使用部门的有关明细账核对等。

（三）账实核对。核对会计账簿记录与财产等实有数额是否相符。包括：现金日记账账面余额与现金实际库存数相核对；银行存款日记账账面余额定期与银行对账单相核对；各种财物明细账账面余额与财物实存数额相核对；各种应收、应付款明细账账面余额与有关债务、债权单位或者个人核对等。

第六十三条 各单位应当按照规定定期结账。

（一）结账前，必须将本期内所发生的各项经济业务全部登记入账。

（二）结账时，应当结出每个账户的期末余额。需要结出当月发生额的，应当在摘要栏内注明“本月合计”字样，并在下面通栏划单红线。需要结出本年累计发生额的，应当在摘要栏内注明“本年累计”字样，并在下面通栏划单红线；12月末的“本年累计”就是全年累计发生额。全年累计发生额下面应当通栏划双红线。年度终了结账时，所有总账账户都应当结出全年发生额和年末余额。

（三）年度终了，要把各账户的余额结转到下一会计年度，并在摘要栏注明“结转下年”字样；在下一会计年度新建有关会计账簿的第一行余额栏内填写上年结转的余额，并在摘要栏注明“上年结转”字样。

第四节 编制财务报告

第六十四条 各单位必须按照国家统一会计制度的规定，定期编制财务报告。

财务报告包括会计报表及其说明。会计报表包括会计报表主表、会计报表附表、会计报表附注。

第六十五条 各单位对外报送的财务报告应当根据国家统一会计制度规定的格式和要求编制。

单位内部使用的财务报告，其格式和要求由各单位自行规定。

第六十六条 会计报表应当根据登记完整、核对无误的会计账簿记录和其他有关资料编制，做到数字真实、计算准确、内容完整、说明清楚。

任何人不得篡改或者授意、指使、强令他人篡改会计报表的有关数字。

第六十七条 会计报表之间、会计报表各项目之间，凡有对应关系的数字，应当相互一致。本期会计报表与上期会计报表之间有关的数字应当相互衔接。如果不同会计年度会计报表中各项目的内容和核算方法有变更的，应当在年度会计报表中加以说明。

第六十八条 各单位应当按照国家统一会计制度的规定认真编写会计报表附注及其说明，做到项目齐全，内容完整。

第六十九条 各单位应当按照国家规定的期限对外报送财务报告。

对外报送的财务报告，应当依次编写页码，加具封面，装订成册，加盖公章。封面上应当注明：单位名称，单位地址，财务报告所属年度、季度、月度，送出日期，并由单位领导人、总会计师、会计机构负责人、会计主管人员签名或者盖章。

单位领导人对财务报告的合法性、真实性负法律责任。

第七十条 根据法律和国家有关规定应当对财务报告进行审计的，财务报告编制单位应当先行委托注册会计师进行审计，并将注册会计师出具的审计报告随同财务报告按照规定的期限报送有关部门。

第七十一条 如果发现对外报送的财务报告有错误，应当及时办理更正手续。除更正本单位留存的财务报告外，并应同时通知接受财务报告的单位更正。错误较多的，应当重新编报。

第四章 会计监督

第七十二条 各单位的会计机构、会计人员对本单位的经济活动进行会计监督。

第七十三条 会计机构、会计人员进行会计监督的依据是：

（一）财经法律、法规、规章；

（二）会计法律、法规和国家统一会计制度；

（三）各省、自治区、直辖市财政厅（局）和国务院业务主管部门根据《中华人民共和国会计法》和国家统一会计制度制定的具体实施办法或者补充规定；

（四）各单位根据《中华人民共和国会计法》和国家统一会计制度制定的单位内部会计管理制度；

（五）各单位内部的预算、财务计划、经济计划、业务计划等。

第七十四条 会计机构、会计人员应当对原始凭证进行审核和监督。

对不真实、不合法的原始凭证，不予受理。对弄虚作假、严重违法的原始凭证，在不予受理的同时，应当予以扣留，并及时向单位领导人报告，请求查明原因，追究当事人的责任。

对记载不准确、不完整的原始凭证，予以退回，要求经办人员更正、补充。

第七十五条 会计机构、会计人员对伪造、变造、故意毁灭会计账簿或者账外设账行为，应当制止和纠正；制止和纠正无效的，应当向上级主管单位报告，请求作出处理。

第七十六条 会计机构、会计人员应当对实物、款项进行监督，督促建立并严格执行财产清查制度。发现账簿记录与实物、款项不符时，应当按照国家有关规定进行处理。超出会计机构、会计人员职权范围的，应当立即向本单位领导报告，请求查明原因，作出处理。

第七十七条 会计机构、会计人员对指使、强令编造、篡改财务报告行为，应当制止和纠正；制止和纠正无效的，应当向上级主管单位报告，请求处理。

第七十八条 会计机构、会计人员应当对财务收支进行监督。

（一）对审批手续不全的财务收支，应当退回，要求补充、更正。

（二）对违反规定不纳入单位统一会计核算的财务收支，应当制止和纠正。

（三）对违反国家统一的财政、财务、会计制度规定的财务收支，不予办理。

（四）对认为是违反国家统一的财政、财务、会计制度规定的财务收支，应当制止和纠正；制止和纠正无效的，应当向单位领导人提出书面意见请求处理。

单位领导人应当在接到书面意见起十日内作出书面决定，并对决定承担责任。

（五）对违反国家统一的财政、财务、会计制度规定的财务收支，不予制止和纠正，又不向单位领导人提出书面意见的，也应当承担责任。

（六）对严重违反国家利益和社会公众利益的财务收支，应当向主管单位或者财政、审计、税务机关报告。

第七十九条 会计机构、会计人员对违反单位内部会计管理制度的经济活动，应当制止和纠正；制止和纠正无效的，向单位领导人报告，请求处理。

第八十条 会计机构、会计人员应当对单位制定的预算、财务计划、经济计划、业务计划的执行情况进行监督。

第八十一条 各单位必须依照法律和国家有关规定接受财政、审计、税务等机关的监督，如实提供会计凭证、会计账簿、会计报表和其他会计资料以及有关情况，不得拒绝、隐匿、谎报。

第八十二条 按照法律规定应当委托注册会计师进行审计的单位，应当委托注册会计师进行审计，并配合注册会计师的工作，如实提供会计凭证、会计账簿、会计报表和其他会计资料以及有关情况，不得拒绝、隐匿、谎报，不得示意注册会计师出具不当的审计报告。

第五章 内部会计管理制度

第八十三条 各单位应当根据《中华人民共和国会计法》和国家统一会计制度的规定，结合单位类型和内容管理的需要，建立健全相应的内部会计管理制度。

第八十四条 各单位制定内部会计管理制度应当遵循下列原则：

（一）应当执行法律、法规和国家统一的财务会计制度。

（二）应当体现本单位的生产经营、业务管理的特点和要求。

（三）应当全面规范本单位的各项会计工作，建立健全会计基础，保证会计工作的有序进行。

（四）应当科学、合理，便于操作和执行。

（五）应当定期检查执行情况。

（六）应当根据管理需要和执行中的问题不断完善。

第八十五条 各单位应当建立内部会计管理体系。主要内容包括：单位领导人、总会计师对会计工作的领导职责；会计部门及其会计机构负责人、会计主管人员的职责、权限；会计部门与其他职能部门的关系；会计核算的组织形式等。

第八十六条 各单位应当建立会计人员岗位责任制度。主要内容包括：会计人员的工作岗位设置；各会计工作岗位的职责和标准；各会计工作岗位的人员和具体分工；会计工作岗位轮换办法；对各会计工作岗位的考核办法。

第八十七条 各单位应当建立账务处理程序制度。主要内容包括：会计科目及其明细科目的设置和使用；会计凭证的格式、审核要求和传递程序；会计核算方法；会计账簿的设置；编制会计报表的种类和要求；单位会计指标体系。

第八十八条 各单位应当建立内部牵制制度。主要内容包括：内部牵制制度的原则；组织分工；出纳岗位的职责和限制条件；有关岗位的职责和权限。

第八十九条 各单位应当建立稽核制度。主要内容包括：稽核工作的组织形式和具体分工；稽核工作的职责、权限；审核会计凭证和复核会计账簿、会计报表的方法。

第九十条 各单位应当建立原始记录管理制度。主要内容包括：原始记录的内容和填制方法；原始记录的格式；原始记录的审核；原始记录填制人的责任；原始记录签署、传递、汇集要求。

第九十一条 各单位应当建立定额管理制度。主要内容包括：定额管理的范围；制定和修订定额的依据、程序和方法；定额的执行；定额考核和奖惩办法等。

第九十二条 各单位应当建立计量验收制度。主要内容包括：计量检测手段和方法；计量验收管理的要求；计量验收人员的责任和奖惩办法。

第九十三条 各单位应当建立财产清查制度。主要内容包括：财产清查的范围；财产清查的组织；财产清查的期限和方法；对财产清查中发现问题的处理办法；对财产管理人员的奖惩办法。

第九十四条 各单位应当建立财务收支审批制度。主要内容包括：财务收支审批人员和审批权限；财务收支审批程序；财务收支审批人员的责任。

第九十五条 实行成本核算的单位应当建立成本核算制度。主要内容包括：成本核算的对象；成本核算的方法和程序；成本分析等。

第九十六条 各单位应当建立财务会计分析制度。主要内容包括：财务会计分析的主要内容；财务会计分析的基本要求和组织程序；财务会计分析的具体方法；财务会计分析报告的编写要求等。

第六章 附 则

第九十七条 本规范所称国家统一会计制度，是指由财政部制定、或者财政部与国务院有关部门联合制定、或者经财政部审核批准的在全国范围内统一执行的会计规章、准则、办法等规范性文件。

本规范所称会计主管人员，是指不设置会计机构、只在其他机构中设置专职会计人员的单位行使会计机构负责人职权的人员。

本规范第三章第二节和第三节关于填制会计凭证、登记会计账簿的规定，除特别指出外，一般适用于手工记账。实行会计电算化的单位，填制会计凭证和登记会计账簿的有关要求，应当符合财政部关于会计电算化的有关规定。

第九十八条 各省、自治区、直辖市财政厅（局）、国务院各业务主管部门可以根据本规范的原则，结合本地区、本部门的具体情况，制定具体实施办法，报财政部备案。

第九十九条 本规范由财政部负责解释、修改。

第一百条 本规范自公布之日起实施。1984年4月24日财政部发布的《会计人员工作规则》同时废止。

附录三　会计档案管理办法

会计档案管理办法

中华人民共和国财政部 国家档案局令第79号

《会计档案管理办法》已经财政部部务会议、国家档案局局务会议修订通过，现将修订后的《会计档案管理办法》公布，自2016年1月1日起施行。

中华人民共和国财政部部长 楼继伟

国家档案局局长 李明华

2015年12月11日

会计档案管理办法

第一条　为了加强会计档案管理，有效保护和利用会计档案，根据《中华人民共和国会计法》《中华人民共和国档案法》等有关法律和行政法规，制定本办法。

第二条　国家机关、社会团体、企业、事业单位和其他组织（以下统称单位）管理会计档案适用本办法。

第三条　本办法所称会计档案是指单位在进行会计核算等过程中接收或形成的，记录和反映单位经济业务事项的，具有保存价值的文字、图表等各种形式的会计资料，包括通过计算机等电子设备形成、传输和存储的电子会计档案。

第四条　财政部和国家档案局主管全国会计档案工作，共同制定全国统一的会计档案工作制度，对全国会计档案工作实行监督和指导。

县级以上地方人民政府财政部门和档案行政管理部门管理本行政区域内的会计档案工作，并对本行政区域内会计档案工作实行监督和指导。

第五条　单位应当加强会计档案管理工作，建立和完善会计档案的收集、整理、保管、利用和鉴定销毁等管理制度，采取可靠的安全防护技术和措施，保证会计档案的真实、完整、可用、安全。

单位的档案机构或者档案工作人员所属机构（以下统称单位档案管理机构）负责管理本单位的会计档案。单位也可以委托具备档案管理条件的机构代为管理会计档案。

第六条　下列会计资料应当进行归档：

（一）会计凭证，包括原始凭证、记账凭证；

（二）会计账簿，包括总账、明细账、日记账、固定资产卡片及其他辅助性账簿；

（三）财务会计报告，包括月度、季度、半年度、年度财务会计报告；

（四）其他会计资料，包括银行存款余额调节表、银行对账单、纳税申报表、会计档案移交清册、会计档案保管清册、会计档案销毁清册、会计档案鉴定意见书及其他具有保存价值的会计资料。

第七条 单位可以利用计算机、网络通信等信息技术手段管理会计档案。

第八条 同时满足下列条件的，单位内部形成的属于归档范围的电子会计资料可仅以电子形式保存，形成电子会计档案：

（一）形成的电子会计资料来源真实有效，由计算机等电子设备形成和传输；

（二）使用的会计核算系统能够准确、完整、有效接收和读取电子会计资料，能够输出符合国家标准归档格式的会计凭证、会计账簿、财务会计报表等会计资料，设定了经办、审核、审批等必要的审签程序；

（三）使用的电子档案管理系统能够有效接收、管理、利用电子会计档案，符合电子档案的长期保管要求，并建立了电子会计档案与相关联的其他纸质会计档案的检索关系；

（四）采取有效措施，防止电子会计档案被篡改；

（五）建立电子会计档案备份制度，能够有效防范自然灾害、意外事故和人为破坏的影响；

（六）形成的电子会计资料不属于具有永久保存价值或者其他重要保存价值的会计档案。

第九条 满足本办法第八条规定条件，单位从外部接收的电子会计资料附有符合《中华人民共和国电子签名法》规定的电子签名的，可仅以电子形式归档保存，形成电子会计档案。

第十条 单位的会计机构或会计人员所属机构（以下统称单位会计管理机构）按照归档范围和归档要求，负责定期将应当归档的会计资料整理立卷，编制会计档案保管清册。

第十一条 当年形成的会计档案，在会计年度终了后，可由单位会计管理机构临时保管一年，再移交单位档案管理机构保管。因工作需要确需推迟移交的，应当经单位档案管理机构同意。

单位会计管理机构临时保管会计档案最长不超过三年。临时保管期间，会计档案的保管应当符合国家档案管理的有关规定，且出纳人员不得兼管会计档案。

第十二条 单位会计管理机构在办理会计档案移交时，应当编制会计档案移交清册，并按照国家档案管理的有关规定办理移交手续。

纸质会计档案移交时应当保持原卷的封装。电子会计档案移交时应当将电子会计档案及其元数据一并移交，且文件格式应当符合国家档案管理的有关规定。特殊格式的电子会计档案应当与其读取平台一并移交。

单位档案管理机构接收电子会计档案时，应当对电子会计档案的准确性、完整性、可用性、安全性进行检测，符合要求的才能接收。

第十三条 单位应当严格按照相关制度利用会计档案，在进行会计档案查阅、复制、借出时履行登记手续，严禁篡改和损坏。

单位保存的会计档案一般不得对外借出。确因工作需要且根据国家有关规定必须借出的，应当严格按照规定办理相关手续。

会计档案借用单位应当妥善保管和利用借入的会计档案，确保借入会计档案的安全完整，并在规定时间内归还。

第十四条 会计档案的保管期限分为永久、定期两类。定期保管期限一般分为10年和30年。

会计档案的保管期限，从会计年度终了后的第一天算起。

第十五条 各类会计档案的保管期限原则上应当按照本办法附表执行，本办法规定的会计档案保管期限为最低保管期限。

单位会计档案的具体名称如有同本办法附表所列档案名称不相符的，应当比照类似档案的保管期限办理。

第十六条 单位应当定期对已到保管期限的会计档案进行鉴定，并形成会计档案鉴定意见书。经鉴定，仍需继续保存的会计档案，应当重新划定保管期限；对保管期满，确无保存价值的会计档案，可以销毁。

第十七条 会计档案鉴定工作应当由单位档案管理机构牵头，组织单位会计、审计、纪检监察等机构或人员共同进行。

第十八条 经鉴定可以销毁的会计档案，应当按照以下程序销毁：

（一）单位档案管理机构编制会计档案销毁清册，列明拟销毁会计档案的名称、卷号、册数、起止年度、档案编号、应保管期限、已保管期限和销毁时间等内容。

（二）单位负责人、档案管理机构负责人、会计管理机构负责人、档案管理机构经办人、会计管理机构经办人在会计档案销毁清册上签署意见。

（三）单位档案管理机构负责组织会计档案销毁工作，并与会计管理机构共同派员监销。监销人在会计档案销毁前，应当按照会计档案销毁清册所列内容进行清点核对；在会计档案销毁后，应当在会计档案销毁清册上签名或盖章。

电子会计档案的销毁还应当符合国家有关电子档案的规定，并由单位档案管理机构、会计管理机构和信息系统管理机构共同派员监销。

第十九条 保管期满但未结清的债权债务会计凭证和涉及其他未了事项的会计凭证不得销毁，纸质会计档案应当单独抽出立卷，电子会计档案单独转存，保管到未了事项完结时为止。

单独抽出立卷或转存的会计档案，应当在会计档案鉴定意见书、会计档案销毁清册和会计档案保管清册中列明。

第二十条 单位因撤销、解散、破产或其他原因而终止的，在终止或办理注销登记手续之前形成的会计档案，按照国家档案管理的有关规定处置。

第二十一条 单位分立后原单位存续的，其会计档案应当由分立后的存续方统一保管，其他方可以查阅、复制与其业务相关的会计档案。

单位分立后原单位解散的，其会计档案应当经各方协商后由其中一方代管或按照国家档案管理的有关规定处置，各方可以查阅、复制与其业务相关的会计档案。

单位分立中未结清的会计事项所涉及的会计凭证，应当单独抽出由业务相关方保存，并按照规定办理交接手续。

单位因业务移交其他单位办理所涉及的会计档案，应当由原单位保管，承接业务单位可以查阅、复制与其业务相关的会计档案。对其中未结清的会计事项所涉及的会计凭证，应当单独抽出由承接业务单位保存，并按照规定办理交接手续。

第二十二条 单位合并后原各单位解散或者一方存续其他方解散的，原各单位的会计档案应当由合并后的单位统一保管。单位合并后原各单位仍存续的，其会计档案仍应当由原各单位保管。

第二十三条 建设单位在项目建设期间形成的会计档案，需要移交给建设项目接受单位的，应当在办理竣工财务决算后及时移交，并按照规定办理交接手续。

第二十四条 单位之间交接会计档案时，交接双方应当办理会计档案交接手续。

移交会计档案的单位，应当编制会计档案移交清册，列明应当移交的会计档案名称、卷号、册数、起止年度、档案编号、应保管期限和已保管期限等内容。

交接会计档案时，交接双方应当按照会计档案移交清册所列内容逐项交接，并由交接双方的单位有关负责人负责监督。交接完毕后，交接双方经办人和监督人应当在会计档案移交清册上签名或盖章。

电子会计档案应当与其元数据一并移交，特殊格式的电子会计档案应当与其读取平台一并移交。档案接受单位应当对保存电子会计档案的载体及其技术环境进行检验，确保所接收电子会计档案的准确、完整、可用和安全。

第二十五条 单位的会计档案及其复制件需要携带、寄运或者传输至境外的，应当按照国家有关规定执行。

第二十六条 单位委托中介机构代理记账的，应当在签订的书面委托合同中，明确会计档案的管理要求及相应责任。

第二十七条 违反本办法规定的单位和个人，由县级以上人民政府财政部门、档案行政管理部门依据《中华人民共和国会计法》《中华人民共和国档案法》等法律法规处理处罚。

第二十八条 预算、计划、制度等文件材料，应当执行文书档案管理规定，不适用本办法。

第二十九条 不具备设立档案机构或配备档案工作人员条件的单位和依法建账的个体工商户，其会计档案的收集、整理、保管、利用和鉴定销毁等参照本办法执行。

第三十条 各省、自治区、直辖市、计划单列市人民政府财政部门、档案行政管理部门，新疆生产建设兵团财务局、档案局，国务院各业务主管部门，中国人民解放军总后勤部，可以根据本办法制定具体实施办法。

第三十一条 本办法由财政部、国家档案局负责解释，自2016年1月1日起施行。1998年8月21日财政部、国家档案局发布的《会计档案管理办法》（财会字〔1998〕32号）同时废止。

附表：1.企业和其他组织会计档案保管期限表

2.财政总预算、行政单位、事业单位和税收会计档案保管期限表

附表1 **企业和其他组织会计档案保管期限表**

序号	档案名称	保管期限	备注
一	会计凭证		
1	原始凭证	30年	
2	记账凭证	30年	
二	会计账簿		
3	总账	30年	
4	明细账	30年	
5	日记账	30年	
6	固定资产卡片		固定资产报废清理后保管5年
7	其他辅助性账簿	30年	
三	财务会计报告		
8	月度、季度、半年度财务会计报告	10年	
9	年度财务会计报告	永久	
四	其他会计资料		
10	银行存款余额调节表	10年	
11	银行对账单	10年	
12	纳税申报表	10年	
13	会计档案移交清册	30年	
14	会计档案保管清册	永久	
15	会计档案销毁清册	永久	
16	会计档案鉴定意见书	永久	

附表2　　财政总预算、行政单位、事业单位和税收会计档案保管期限表

序号	档案名称	保管期限			备注
		财政总预算	行政单位事业单位	税收会计	
一	会计凭证				
1	国家金库编送的各种报表及缴库退库凭证	10年		10年	
2	各收入机关编送的报表	10年			
3	行政单位和事业单位的各种会计凭证		30年		包括：原始凭证、记账凭证和传票汇总表
4	财政总预算拨款凭证和其他会计凭证	30年			包括：拨款凭证和其他会计凭证
二	会计账簿				
5	日记账		30年	30年	
6	总账	30年	30年	30年	
7	税收日记账（总账）			30年	
8	明细分类、分户账或登记簿	30年	30年	30年	
9	行政单位和事业单位固定资产卡片				固定资产报废清理后保管5年
三	财务会计报告				
10	政府综合财务报告	永久			下级财政、本级部门和单位报送的保管2年
11	部门财务报告		永久		所属单位报送的保管2年
12	财政总决算	永久			下级财政、本级部门和单位报送的保管2年
13	部门决算		永久		所属单位报送的保管2年
14	税收年报（决算）			永久	
15	国家金库年报（决算）	10年			
16	基本建设拨、贷款年报（决算）	10年			
17	行政单位和事业单位会计月、季度报表		10年		所属单位报送的保管2年
18	税收会计报表			10年	所属税务机关报送的保管2年
四	其他会计资料				
19	银行存款余额调节表	10年	10年		
20	银行对账单	10年	10年	10年	
21	会计档案移交清册	30年	30年	30年	
22	会计档案保管清册	永久	永久	永久	
23	会计档案销毁清册	永久	永久	永久	
24	会计档案鉴定意见书	永久	永久	永久	

注：税务机关的税务经费会计档案保管期限，按行政单位会计档案保管期限规定办理。